Günter von Hummel

selbstschöpfung

Eine Verbindung von Meditation und
Psychoanalyse in Theorie und Praxis

Das Umschlagsbild stammt von der Malerin T. Heydecker und trägt den Titel: Die Baustelle des Ichs. Das Selbstschöpferische liegt freilich schon ein bisschen vor dieser Baustelle, dennoch symbolisiert das Bild anschaulich etwas davon in Form des leichten Durcheinanders der verschiedenen Gestalten. Wenn der Körper durch die Evolution entstanden ist, woher kam dann die Seele, das Subjekt, das Unbewusste? Es in fortgeschrittener Weise zu erfassen, ist Ziel dieses Buches.

© Günter von Hummel, 2023
Herstellung und Verlag: BoD – Books on Demand, Norderstedt
ISBN 9783756886968

Inhaltsverzeichnis

1. Erscheinungs- und Wort-Wirkendes

Gewiss ist Selbstschöpfung ein gewagtes Wort. Es klingt nach etwas Übersteigertem, ja geradezu Wahnhaften. Der Begriff wurde vom Philosophen Friedrich Schlegel verwendet, der ihn dem der Selbstvernichtung gegenüber stellte.[1] Dass die Menschen sich wechselweise selbstvernichtend und -schöpferisch und verhalten, kann man tatsächlich täglich beobachten, damals wie heute. So gesehen ist diese Gegenüberstellung also ganz modern, aber auch in der Theorie der Psychoanalyse findet man in den Begriffen des Eros-Lebenstriebs und des Todestriebs ganz entsprechende Vorgänge. Letzterer ist tatsächlich eine völlig unbewusste Art der Selbstvernichtung, wenn auch sehr komplexer Art. Aber auch der Akt der Selbstschöpfung ist psychoanalytisch gesehen kompliziert. Der französische Psychoanalytiker J. Lacan hat ihr in seinem VII. und VIII. Seminar ausführliche Kommentare gewidmet.

Für ihn ist es nämlich hauptsächlich die Sprache, die aus dem Nichts selbstschöpferisch gekommen ist.[2] Denn woher sollte die Sprache sonst gekommen sein? Es geht weniger um die ersten Worte der Menschen, die Losungsworte oder Namen gewesen sein sollen, sondern um das, was Lacan und auch die Linguisten, die Signifikanten, die Bezeichner, Bestimmer nennen. Ich verstehe

---

[1] Schlegel, F., Spielarten der Selbsterfindung, de Gruyter (2011)
[2] Lacan, J., Seminar VII, Quadriga (1996) S. 151

darunter etwas grundlegend Wort-Wirkendes, weil die Signifikanten im Symbolischen, im Wort, das Wirkende, das Reale mittragen. Sie sind das Agierende in den Wortfolgen, und Lacan weist an Hand der Psychoanalyse nach, dass sie eine Schöpfung aus dem Nichts, eine ‚creatio ex nihilo' darstellen, denn die Sprache wird – vom Signifikanten her gesehen – ständig ge- und erfunden, ohne sich auf Vorhergehendes zu beziehen. Sie ist reine Selbstschöpfung.

$$\frac{\text{Signifikant}}{\text{Signifikat}}$$

Für den Linguisten steht der Signifikant daher im Zähler des oben gezeigten Bruchstrichs. Er ist der Bestimmer, der zählt, der bedeutet. Dagegen ist das Signifikat das Bezeichnete, das ich analog zum Wort-Wirkenden das Erscheinungs-Wirkende nenne, das Imaginäre, das in seinem Anteil am Realen auch eine gewisse Wucht der Schöpfung hat, denn es schließt angefangen vom Big Bang, dem Urknall, bis zur biologischen Gestalt des Menschen alles Objekt-, Bild-, Erscheinungs-Artige ein. Auch diese Schöpfung, die Schöpfung des strukturell, bildhaft Erscheinenden, kam aus dem Nichts, und dann zu fragen, was davor war, vor dem Urknall, ist irrelevant. Ein Vor vor dem Vor ist Nonsens. Die einzige Lösung kann nur darin bestehen, dass sowohl das Wort- wie auch das Erscheinungs-Wirkende als solche Schöpfungen aus dem Nichts gelten müssen.[3] Eine Chance der

---

[3] Ich habe also das Selbstschöpferische des Erscheinungs-Wirkenden auf alles materiell Zeichen- und Zeigbare bezogen,

letztlichen Klärung besteht dann speziell darin, zu vermitteln, wie die beiden miteinander zusammenhängen, wie gelungen, gut, reif, Wissenschaft und Wahrheit entsprechend kombiniert sind.

Mit diesem Zusammenhang hat man es sich bisher leicht gemacht, indem man einen Gott die Welt erschaffen ließ, der sprach, und so beispielsweise sagte: ‚Fiat Lux'! Das ist vielleicht mystisch, mythisch, magisch korrekt, doch muss ich schon hier einen kleinen Einschub bezüglich des wissenschaftlichen Erkennens machen. Die Physiker bemühen sich mit immer größeren Teilchenbeschleunigern ihre objektive Sicht zu verbessern. Aber selbst bei den objektivsten Erkennungsweisen wird immer noch ein kleines Stückchen Subjektsein übrig bleiben, ein wort-wirkendes Ich, mit dem beispielsweise der Philosoph R. Descartes ‚dachte, dass er sei,' wobei er nur sein Ich verdoppelt hat. Schließlich hat er schon mit seinem Ich gedacht, dessen Sein er dadurch beweisen wollte. Und so ergeben die verschiedenen Arten des Denkens, das Subjekt und Objekt bezogene, nur ein ἓν διὰ δυοῖν, ein Hendiadyoin, ein Eins-Sein durch Zwei-Sein (Philosoph und Physiker). Die Lösung ist also nicht besser als

---

selbst bildliche Vorstellungen, ‚Einbildungen' und alles Imaginäre, haben daran Anteil, von der Quantenmechanik angefangen bis gegenständlichen Kunstwerk. Man ist so berechtigt Erscheinungs-Wirkendes als Imaginär-Reales zu verstehen, das eben im Gegensatz zum Symbolisch-Realen, dem Wort-Wirkenden aufzufassen ist.

die mit dem Gott. Nun existiert aber auch ein Unbewusstes, das alle Erkenntnis in Frage stellt, denn „dass das Denken transparent ist, ist eine Illusion",[4] egal ob es von Experimenten gestützt wird oder von der sogenannten Logik. Es kommt darauf an, was sich enthüllt, selbstschöpferisch, unbewusst.

Ich vereinfache damit Lacans meist sehr umfangreiche und ausufernde Schilderungen zu all diesen Begriffen, die ihre Wichtigkeit ja vor allem im Unbewussten haben. Der Mensch als Subjekt, als dem Unbewussten Unterstellter (lateinisch subicere heißt unterstellen), steht im Vordergrund, und diesbezüglich gibt es von Lacan zahlreiche Beispiele.[5] Doch es genügt zu wissen: Die Sprache ist aus dem Nichts gekommen, der Signifikant ist eine creatio ex nihilo, ist eine Selbstschöpfung, er ist das unbewusst-eigentliche Wesen des Subjekts, das sich inmitten der anderen Selbstschöpfung, der der Objekte und Erscheinungen tummelt. Materielles, Pflanzen, Tiere: alle bestehen sie aus etwas grundlegend gleichwertig Materiell-Strukturell-Erscheinendem wie etwa den Elementen bis hin zu den Geweben und Organen. Das heißt, in allen wirkt das elementar erscheinungs-wirkende Selbstschöpferische noch nach, verkompliziert, verhärtet, verknotet, vervielfacht sich, so auch in den Genen, den Neuronen und anderen wichtigen Zentren beim Menschen. Ich fasse das – wie angedeutet – im Begriff

---

[4] Lacan, J., Seminar VIII, Passagen Verlag (2008) S. 455
[5] Wenn man ein Unbewusstes verleugnet, braucht man das Buch nicht zu lesen.

des Erscheinungs-Wirkenden zusammen, in dem einen der beiden Selbstschöpfungen, dessen anderer Begriff – nochmals gesagt – der der sprachlichen Signifikanten, der des Wort-Wirkenden ist.

Ich denke mit dem Untertitel ‚Eine Verbindung von Meditation und Psychoanalyse' schon angezeigt zu haben, dass es um ein konkretes Verfahren gehen soll, das eine Wissenschaft ist und nicht ein Herumspekulieren, auch wenn es mit der Rede von der Selbstschöpfung vorerst so klingt. Es geht um eine Wissenschaft v o m Subjekt, die den herkömmlichen Versuchen sogenannter objektiver Wissenschaften gegenüber steht, auch wenn das Erscheinungs-Wirkend ins wort-wirkende Subjekt hineinagiert und umgekehrt. Die Psychoanalyse, auf die ich mich zu einem großen Teil stütze, wird als Konjekturalwissenschaft bezeichnet.[6] Sie ist Wissenschaft und therapeutisches Werkzeug, und das will ich im Sinne einer Erarbeitung, Erfahrung mittels Selbst (Subjekt) und Schöpfung (Meditation) in neuer Form eines zu übenden Verfahrens, das ich *Analytische Psychokatharsis* nenne, darstellen. In ihr wird Erscheinungs- und Wort-Wirkendes vereint, was in diesem Sinne nirgendwo sonst

---

[6] Der Begriff der Konjekturalwissenschaft kommt von Nikolaus von Kues Werk ‚De conjectura rerum' her. Conjectura heißt Vermutung, das heißt, der Wissenschaftler hangelt sich von Vermutung zu Vermutung bis am Ende eine Gewissheit feststeht. Diese Form der Wissenschaft ist speziell in der Mathematik und z. B. auch in der Kriminologie bekannt.

– insbesondere nicht als praktische Methode – beschrieben worden ist.

Freud hat gezeigt, dass die Menschen zu viel auf die äußeren Objekte starren, zu viel Aufmerksamkeit auf Ökonomie, Gesellschaft, Politik und die Medien richten, und sich nicht um die im Innern unbewusst waltenden Triebe, ums seelisch Intentionale, ums menschliche, subjektbezogene Begehren kümmern. Das unbewusste Streben, Begehren, steht im Zentrum der Psychoanalyse, die den Weg über das Naturwissenschaftliche und Philosophische hinaus in Richtung der Wahrheit des Seins vom Subjekt her zu begründen, geebnet hat. Ein Weg, der sich nicht auf irgendeine äußerliche Objektivität oder pure Subjektivität reduzieren lässt: „Es handelt sich um die Realisierung der Wahrheit des Subjekts als einer eigenen Dimension, die in ihrer Ursprünglichkeit noch vom Begriff der Realität abgelöst werden muss."[7]

Das war eine freche Provokation Lacans gegenüber den herkömmlichen Denkern, die sich doch ständig bemühten, wie man die Realität gedanklich perfekt erfassen könnte, aber auch gegenüber den Naturalisten, die sich darum bemühten, dass in der Realität des Erscheinenden alles begründet und richtig gedacht ist. Doch das Begehren ist weder das Bedürfnis, noch etwas Hormonelles, noch ein Wahn, noch Energie. Das Begehren nach dem Assimilieren beispielsweise, nach dem Etwas-in-sich-Hineinziehen, muss sich beim Menschen zuerst in den

---

[7] Lacan, J., Seminar I, Walter Verlag (1978) S. 30

Anspruch kleiden, der anfangs beim Kind gegenüber der Mutter ganz unspezifisch bleibt: „Ich will was", sagt es, es ist gedrängt zu wollen, es begehrt, doch sich so zu äußern, hat das Begehren schon verschoben in die ihm eigene Dimension, die der Anspruch, die Sprache, einem als Ersatz aufzwingt. Da sind wieder die beiden Selbstschöpferischen Vorgänge im Verbund, aber sie sind nicht vollkommen und praxisbezogen vereint,

Das Begehren, die Lüste, bzw. deren Prinzipielles (auch Lustprinzip genannt) galten für Freud als das Primäre, und noch vor zwei-, dreitausend Jahren ist man damit besser umgegangen als heute. Lacan schreibt in diesem – und vorhin erwähnten – Sinne, dass „die Alten den Trieb, das Begehren, betont hätten, während wir heute dessen Objekt betonen. Die Alten umgaben den Trieb mit Festen und waren auch bereit, im Mittel des Triebes einem Objekt von minderem und allgemeinen Wert Ehre zu erweisen, während wir den Wert der Manifestierung des Triebes geringer schätzen und eine Stützung des Objekts durch dessen Vorzüge fordern."[8]

Die Objekte des Konsums, die Objekte der Sexualität, die Objekte der Künstlichkeit (Technik, Elektronik), die Objekte der Ideologien und unendlich anderer mehr verwandeln das Subjekt, das Selbst, das Ich und das Begehren in leere Formeln, während die sogenannten Alten, die Griechen von mehr als zweitausend Jahren, in

---

[8] Lacan, J., Die Ethik der Psychoanalyse, Quadriga (1996) S. 122

den Lüsten ihrer daktylischen Hexametern (Ilias, Odys-
see), im sokratischen, ‚philosophisch manischen Eros‘
und im Eidos, dem visionären Ideen Platons und in den
Begriffen des Aristoteles, schwelgten. Sie feierten ihre
Thesmophorien, Aphrodisia und Dionysien und zig andere mehr, die den lustvollen Umgang mit mythischen
Göttergestalten, magischen Frauen oder anderen kulti-
schen Strukturen zeigten. Sie ließen Raum für grenzen-
lose Subjektivität, wohingegen der ebenso grenzenlos
zivilisierte Mensch heutzutage in sein Smartphone stiert,
wie gejagt auf seinem Fahrrad durch die Großstädte düst,
und sich abends eine Netflix-Serie nach der anderen
reinziehen muss, wie man modernerweise sagt.

Er kennt das wahre Genießen nicht mehr, das eben –
meiner Auffassung und späteren Begründung nach – mit
dem unbewussten Begehren und dem Selbstschöpferischen wesentlich zu tun hat. Es betrifft nicht die Realität,
sondern eben das Reale, das verborgen, noch unerforscht
oder vielleicht sogar nie ganz erfahrbar Reales ist. Lacan
bezeichnet es als das ‚Unmögliche‘, das selbst im erfolg-
reichsten Vorwärts immer scheitert, ja offensichtlich
gerade immer in diesem, denn wichtiger als jeder Erfolg
wäre der Fortschritt. Seit den Neandertalern haben die
Menschen sich erfolgreich technisch, zivilisatorisch,
‚sprachpragmatisch‘ wie der Philosoph J. Habermas
sagt, entwickelt, aber keinerlei Fortschritt in eben diesem
Realen des Menschlichen gemacht (das Selbstschöpferische steht noch so da wie damals).

Das Begehren, diese psychoanalytische Spezialität, wurde anfangs verstanden als das Begehren einer Vater-Alphamann-Figur, die mit dem Gesetz, dem Regulatorischen, dem Gebot identisch war. Das „Es werde Licht" aus dem Alten Testament zum Beispiel war das Begehren zu Sehen, der Schautrieb wie Freud ihn nannte.[9] Diesem Begehren der väterlich-göttlichen Alphafigur im Alten Testament gegenüber waren alle anderen zurückgesetzt, kastriert wie man psychoanalytisch sagt. Und dies ist in gewisser Weise auch heute noch so, indem das Wesen des Vaters zwar nicht mehr eine omnipotente Figur ist, sondern eher ein Prinzip, die paternale Mächtigkeit (nicht Macht), das Institutionelle, die reine Kraft des Wort-Wirkenden, der Name, der Vater-Name als solcher, wie Lacan monierte.

Umgekehrt gesagt: Allein die Tatsache, dass die Menschen sprechen, unterstellt sie dem Kastrationskomplex, dem Mangelkomplex, hinter dem diese Mächtigkeit, dieser Name lauert, gerade wenn man ihn nicht ausspricht.[10] Das Gleich gilt für den Gegensatz von An- und Abwesenheit. Wenn niemand da ist, kann man alles tun, aber für das, was man dann tun würde, braucht es meis-

---

[9] Das Begehren zu sehen konnte sich im diesem wundervollen Garten, dem Paradies, in diesem botanischen Urzustand, natürlich ideal verwirklichen.

[10] In vielen Märchen verhält es sich so, dass die Macht der betreffenden Person verschwindet, wenn man deren Namen ausspricht. Ich hatte eine Kollegin, die meinen Namen nie aussprach, wohl weil dies zu intime oder zu aggressive Gefühle ausgelöst hätte (narzisstisch vermutete ich stets erstere).

tens wieder andere. Diesen inneren Konflikt zeigt auch der Ausspruch Dmitri Karamasows (in Dostojewskis Roman ‚Die Brüder Karamasow‘): „Wenn Gott nicht existiert, ist alles erlaubt". Das Gegenteil ist Fall, denn dann würden – so Lacan – die (neurotischen) Menschen sich selbst alles verbieten, denn ohne das Gesetz, ohne den Mangel, ohne den Kastrationskomplex können sie nicht leben. Wenn nämlich nichts mangelt, alles perfekt schon da, voll, fertig ist, was soll dann noch geschehen, wer soll man dann noch sein? Und wenn es den Kastrationskomplex nicht gäbe, keiner würde die Anstrengung auf sich nehmen, ständig von allen Lüsten Gebrauch zu machen. Allein dies erhellt auch, dass das Erscheinungs- und Wort-Wirkende anfänglich schlecht, unreif, mangelhaft kombiniert ist und verbessert werden muss, denn es macht das Begehren regulatorisch nicht klar.

Nochmals: die Selbstschöpfung kommt in Form der Sprache, der symbolischen Ordnung (das Wort-Wirkende), in die menschliche Welt, in der die Objekte und deren imaginäre Ordnung (das Erscheinungs-Wirkende) ebenso selbstgeschöpft schon da sind. Es handelt sich beim Symbolischen nicht um die Aneinanderreihung von Vokabeln, um monotonen Tratsch, sondern um die Überlappung von Signifikanten, sprachlichen Wesenheiten, die in ihrem Zusammenspiel ein Subjekt repräsentieren, an einzelne Figuren Namen verteilen und mit Bedeutungen spielen wie an den obigen Beispiel-Objekten erwähnt. Man könnte auch vom Gewürzmischung in der Suppe sprechen: die noch fast geschmacklose Flüssigkeit ist Physisches, Erscheinungs-

Wirkendes, während die Signifikanten die dazugegebene, wort-wirkende Mischung (natürlich nach Ottolenghi) darstellen, der Suppe also ihre Bedeutung gibt.

Beide gehören zusammen, doch so, reif und gelungen vereint, sind sie noch nie gesehen (bzw. im obigen Beispiel geschmeckt) worden, auch wenn man sich darum bemüht hat. Ich will noch zeigen, dass es außer der Kulinarik auch einen Zusammenschluss zu einer Einheit gibt, die – wenn ich die Metapher weiter treiben darf – im Genießen der Suppe des Realen besteht.[11] Vorerst aber – gehe ich wieder vom Anfang des menschlichen Lebens aus – bleibt dem kleinen Kind nichts anderes übrig, als sich – etwa hinsichtlich der Assimilierung – im Unbewussten ein Phantasma, eine unbewusst erstellte Phantasie zuzulegen, die diese Abhängigkeit von der Mutter ein Leben lang zementieren kann, auch wenn der zum Erwachsenen Gewordene dies bewusst nicht immer merkt. Es kann sich vielleicht in Symptomen zeigen, die zum Ausgangspunkt einer psychoanalytischen Behandlung werden können oder auch nur unerklärlichen Hemmungen bleiben, die das wahre Genießen verhindern.

Lacan beschreibt, dass das Genießen, die ‚Jouissance‘, und das sogenannte Reale sich gegenseitig bedingen. Mit dem Realen ist also nicht die Wirklichkeit, die äußerliche Realität gemeint, sondern das ‚Wirkende‘ als sol-

---

[11] Das Reale, die wort-wirkenden Signifikanten und das bildwirkende Imaginär-Gegenständliche sind die drei Kategorien, mit denen sich Mensch und Welt geordnet erfassen lassen. Ich komme gleich darauf noch ausführlich zurück.

ches, das Substanzielle, Körperhafte, das ich schon auf den Wort- und Erscheinungs-Bezug als den zwei Grundkräften verteilt habe. Man kann es auch so sagen, „dass die eigentliche Definition eines Körpers darin besteht, dass er eine ‚substance jouissante' ist, ein genießendes Substanzielles, ein Körperselbstgenießen.[12] Wieso hat das noch nie jemand behauptet? Dies ist das Einzige, abgesehen vom Mythos, das wirklich erfahrbar ist. Ein Körper genießt sich selbst, er genießt es gut oder schlecht . . .,“ sagt Lacan in dem gerade zitierten Seminar und ergänzt, dass das ganze Köperselbstgenießen nur funktioniert, wenn es in den Rahmen gestellt ist, in dem neben dem Realen auch das Imaginäre und Symbolische wirksam ist, weil nur so das menschliche Subjekt, das dem Unbewussten unterstellte Subjekt, erfassbar wird.

Das Reale, Imaginäre (unbewusst Erscheinungs-Wirkende) und das Symbolische (unbewusst Wort-Wirkende) stellen, wie schon in der Fußnote 11 erwähnt, für Lacan die grundlegende Dreiheit alles Existenziellen dar (siehe auch Abb. von Lacans Borromäischen-Knoten

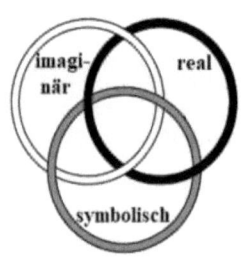

(abgekürzt Bo-Knoten) nebenan, zu dem ich später noch Kommentare abgeben will). Demnach gibt es, was nunmehr das Genießen angeht, außer dem Realen des Genießens auch das dem Symbolischen zugeordnete Genießen in Form der Sprech-, Invokations-

---

[12] Lacan, J., Seminar XXI, Vortrag vom 12. 3. 1974

Lust, und das dem Imaginären zugeordnete Genießen in Form der Schau-, Wahrnehmungs-Lust. Ich lege den Schwerpunkt zuerst auf Letzteres, weil damit eine weiterführende Ergänzung der Psychoanalyse möglich ist. Denn die herkömmliche Psychoanalyse betont stark das Symbolische, das Wort-Wirkende, die Signifikanten. Dadurch gerät sie häufig in eine Sackgasse, wenn nämlich Psychisches nicht mehr in Worte zu fassen ist. Es ist dann aber bereits bildlich, im unbewusst Ein- und Vorgebildeten des Erscheinungs-Wirkenden schon da.[13]

Außer den beiden Grundintentionen habe ich jetzt auch das Subjekt und das Genießen vorgestellt, auch eine Dreiheit, indem man noch ein verbindendes Element dazu geben muss. Klingt das alles zu umständlich, zu kompliziert? Ich versuche es einfacher zu sagen. Lacan geht wie gesagt von einem grundsätzlichen Mangel aus, von einer Minus Eins. Das beginnt auch schon damit, dass der Mensch viel zu früh geboren wird (Neotenie), und dass er deswegen jahrelang eine Bezugsperson braucht, die aber nicht vollkommen ist. Und somit hängt man geradezu am Mangel und wird versucht, diesen Mangel mit den genannten Objekten oder dem Begehren zu bewältigen. Nun geht Lacan geht einen Schritt weiter und sagt, dass wegen des Vorhandenseins des Erscheinungs-Wort-Wirkenden der Mangel eigentlich ein Nein ist, eine Untersagung (sie steckt genauso in dem oben

---

[13] Lacan gibt dem Erscheinungs-Wirkenden wenigstens in der Topologie, der Einsteinschen Geometrie, eine gewisse Form. Doch die ist nur theoretisch, es fehlt die Praxis.

erwähnten Vater-Begehren = Gesetz). Wenn dieses Nein allerdings fehlt, es selbst daran mangelt, tritt der Grundaffekt der menschlichen Seele zu Tage: die Angst.[14] Nichts ist schlimmer als eine Welt ohne Nein.

Nun liegt in der gelungenen, konkreten, wahrhaften Kombination beider das Wesentliche der beiden Selbst-Schöpferischen Ebenen und auch der Aussage dieses Buches. Mit der allein wort-wirkenden Selbst-Schöpfung, wie sie den Signifikanten zufolge im Unbewussten stattfindet, kommt man allerdings allein nicht ganz zum Ziel (vor allem, wenn das Nein überhand wird), genauso wenig wie mit den Beschwörungen des Erscheinungs-Wirkenden im Rahmen der Physik durch ausufernde, moderne Theorien oder in den Geisteswissenschaften durch zu viel Spekulatives. Trotzdem lässt sich mit den beiden Grundintentionen natürlich gut etwas schreiben – und vor allem: selbstschöpferisch praktizieren.

Der Philosoph I. Kant hat es schon versucht, als er sich in lateinischer Sprache so ausdrückte: „Aktiv fängt die Ursache an (infit) „weil passives Anfangen als Kausalität Ursache wird (fit)".[15] Basta, fertig, selbstgeschöpft, aber ganz logisch ist das nicht. Was soll ein passives Anfangen sein? Es passiert nichts, und obwohl nichts passiert, wird die Ursache aktiv? Anscheinend hat Kant doch im Wort Ur-Sache schon die Sache präferiert (sie sozusagen

---

[14] Lacan, J., L'Angoisse, Ed. Seuil (2004) S. 49

[15] Kant, I., Kritik der reinen Vernunft, Reclam (1993) S. 499

'ge-urt', verurtümlicht), anstatt im Wort Anfang den Fang zu präsentieren, den er für sich somit gemacht hat. Kurz: er ist in einer Art Spiegelbeziehung, in einer Symmetrielust, in einem ‚fit'/,fit' festgefahren. Er hätte zum Wort-Wirkenden eine wissenschaftliche Kombination mit dem Erscheinungs-Wirkenden gebraucht.

Psychoanalytisch gesehen geht es – wie deren Theoretiker sagen würden – in Kants ‚fit'/,fit' (wie im vor Vor), um einen Wiederholungszwang, eine Verdopplungssucht. Die Sache ist trotzdem irgendwie originell, und ich werde darauf zurückkommen. Kant sagt es nicht ganz falsch, er weiß alles ganz genau – und dies gilt durchaus auch für heute noch – aber er sagt es nicht gut genug! ‚Fit'/,fit', er stottert, er rhythmisiert. Er genießt seine sprachliche Argumentation, die Symmetrie der Buchstaben, und erklärt nichts so, dass wir es gut und unmittelbar erfahren können. Er gibt sich eben der Sprechlust hin, wobei alles richtig gewusst ist, aber nicht gelungen kommuniziert, nicht einfühlend gut gesagt! (Es war auch schon zu Kants Zeiten so, dass die Leser über seinen Werken stöhnten). Er hat eben den Sound des Wort-Wirkenden zu sehr betont, es aber nur in wissenschaftlich fundierten Kombination mit der Spiegelung des Erscheinungs-Wirkenden gelungen hätte ausdrücken können.

Computerwissenschaftler und KI-Spezialisten können das Wesen dieser beiden Grundkräfte, des Wort-Wirkenden (Signifikanten) und Erscheinungs-Wirkenden (Imaginären, Ikonischen) viel einfacher erklären, auch wenn es mit der Kombination der beiden nicht besser klappt. Sie sagen, man müsste nur sprachverarbeitende (Wort-Wirkendes) und bildverstehende (Erscheinungs-Wirkendes) Algorithmen in den Computer eingeben und das Programm starten![16] Der Autor meint: „Menschen sind Maschinen im Sinne der Turing Maschine, die man als Komponenten eines umfassenderen Systems aus solchen Maschinen aufzufassen hat." Na ja, das Ganze dieser zwei Wirkkräfte soll ja im Subjekt, im Seelischen, Psychischen stattfinden, und nicht nur in der Maschine, und so klingen diese Bemerkungen wie auch die diesbezüglichen in den neueren Büchern von Y. N. Harari (z. B. Homo Deus), in denen es um Ähnliches geht, absurd.

Der Philosoph Harari behauptet die universale Wirkung von Algorithmen, Elementen mathematischer Logik, indem er mit deren Hilfe erklärt, wie der Mensch in naher Zukunft eine Gott-Maschine sein wird. Lassen wir diese Blödeleien beiseite. Ich gehe davon aus, dass diese zwei Grund-Gegebenheiten (Erscheinungs- und Wort-Wirkendes) den Anfang und das Wesen eines jeden Diskurses (jeder symbolischen Vermittlungsart) ausmachen, und es wird darauf ankommen, sie in eine bessere, reife, gelungenere Kombination zu bringen, wobei ich beide wie angekündigt im Verfahren der *Analytischen Psychokatharsis* eng verbinden möchte, da sie hier praktische Relevanz bekommen.[17]

---

[16] Wiener, O., Probleme der Künstlichen Intelligenz, Merve (1990) S. 106
[17] Zur noch raffinierter täuschenden KI, ChatGPT, siehe Kap.6

Ich gehe nochmals zurück zum Anfang und liste in einem Schema all die gebrauchten Begriffe in der Weise auf, wie sie zueinander korrelieren. Eine Einheit finden

Bild-Ersch.-Wirkendes	S	Wort-Wirkendes
Signifikat	E	Signifikant
begehrte Objekte	L	begehrendes Subjekt
Körpergenießen	A	Sprachgenießen
Imaginäres	E R	Symbolisches

all diese Begriffe rein pychoanalytisch nicht, was ja auch nicht notwendig ist, sie dienen ja nur der Theorie. Aber was ist mit der Praxis? Da hapert es in der herkömmlichen Psychoanalyse manchmal. Während nämlich das ins Unbewusste Verdrängte üblicherweise über alle möglichen Assoziationen, die der Patient äußert, und die das Verdrängte also als psychisches ‚Objekt' repräsentieren, fassbar ist, gibt es anderes, das nicht verdrängt sondern im Psychischen regelrecht abgespalten, dissoziiert ist. Es ist dann nicht mehr als psychisches ‚Objekt' (orales, anales ‚Objekt', etc.) im Unbewussten repräsentiert, so dass man die diesbezüglichen Zusammenhänge nicht auf die herkömmliche Weise deuten kann. Herkömmlich heißt, dass der Patient auf den Therapeuten Bedeutungen überträgt, die mit ihm direkt gar nichts zu tun haben, also eigentlich inadäquat sind, die der Therapeut aber dennoch in Bezug zu sich sehen und – sozusagen herumgedreht – interpretieren und deuten kann.

Während im Herkömmlichen die Beziehung Psychoanalytiker / Patient (Analysand) im Vordergrund stehen, und hier auch das Wort-Wirkende betont wird, muss man im Fall des Vorliegens einer Dissoziation von einer Spiegelbeziehung, von dem Erscheinungs-Wirkenden als primär Agierendem ausgehen. Etliche Autoren sprechen diesbezüglich dann doch auch von einem besonders früh entstandenen psychischen ‚Objekt‘, dem ‚concrete original object‘ (COO),[18] das sich direkt zwischen dem sich entwickelnden Ich und dem Körper dadurch erfassen lassen, dass der Patient speziell körperliche Symptome äußert, die der Therapeut bei sich nachvollziehen oder durch Befragung, wie der Patient im Einzelnen mit seinem Körper umgeht, interpretieren kann.[19] Von den meisten Psychoanalytikern wird diese Auffassung als nicht plausibel genug kritisiert, weil sie wieder zu sehr das Erscheinungs-Wirkende betont, wie es eben schon Freuds Begriff vom ‚primären Narzissmus‘ getan hat.

Umgekehrt wird dann vom ‚sekundären Narzissmus‘ geredet, wenn äußere Objekte (Aspekte der Mutter oder anderes) libidinös, seelisch, besetzt und dann, auf Grund eines Traumas z. B., des Ich wieder rückbesetzt wird. Und so – im Konflikt zwischen primären und sekundärem Narzissmus – wurde bereits in früheren Heft der PSYCHE ausgiebig darüber diskutiert, wie man auch in der herkömmlichen psychoanalytischen Therapie über diese Grenze, die mit der mangelnden ‚Erinnerungsspur‘

---

[18] Ferrari, A. B., From the Eclipse of the Body to the Dawn of Thought, London: Free Association Books (2004)

[19] Lombardi, R., Die Fokussierung auf das Verhältnis von Körper und Psyche, PSYCHE Nr. 1 (2023)

der nicht fassbaren psychischen Repräsentation zu tun hat, trotz Betonung des Wort-Wirkenden doch hinaus-kommen kann.[20] In diesem Artikel der PSYCHE schreiben die Autoren, wie sie diese nicht deutbaren Aspekte doch anderweitig einer Deutung zugänglich machen wollen und erwähnen z. B. den Psychoanalytiker A. Ferro, der beschreibt, wie er mit seinem Patienten ‚gemeinsam träumt‘, d. h. beide phantasieren und erzählen sich alles Mögliche und versuchen dann therapeutische Schlüsse daraus zu ziehen.[21] Auch versuchen die genannten Autoren ‚semiotische Ummantelungen‘, Prosodien und anders Effekte des Sprechens des Patienten zur Deutung heran zu ziehen, kurios, aber nicht unbekannt.

Ich denke, schon jeder Laie kann erkennen, dass gemeinsames Träumen (so faszinierend das klingt) und die Prosodie (Stimmklang) nur ungenaues Material zur Deutung bereitstellen. Ich kann auf die Fülle von fachlichen Veröffentlichungen zu diesem Thema hier nicht eingehen. Natürlich reagiert man als Therapeut darauf, wenn der Patient zu lange schweigt, gar erregt und emotional übersteigert etwas sagt oder plötzlich hustet. Aber eine gelungene Deutung kann man dazu nicht geben und somit nur fragen, was dem Patienten dazu einfällt oder was

---

[20] Küchenhoff, J., Warsitz, R.-P., Grenzfälle der Therapie, PSYCHE Nr. 9/10 (2022). Ausführlich wird die Narzissmus-Debatte auch in Laplanche, J., Pontalis, J.-B. Das Vokabular der Psychoanalyse, Suhrkamp (1989) S. 320-323 dargestellt.
[21] Ferro, A., Pensieri di uno analista irriverente, Raf. Cortina Editore (2017)

er gerade denkt. Damit kommt man meist aber nicht sehr weit, denn der Patient kann wohl kaum verstehen, dass sein Husten, den er als Bronchialreiz empfindet, psychologische Bedeutung haben soll. Wenn er Einfälle dazu hat, deren Deutung zu neuen Einfällen führt, kann man evtl. nach weitschweifigen Umwegen eine Interpretation geben.

Vielleicht gelingt auch eine direkte, gesättigte Übertragungsdeutung, etwa in der Art: „Husten Sie mir jetzt etwas"? Doch das wäre zu provokant. Kurz: es existiert in der herkömmlichen, klassischen Psychoanalyse ein komplexes Sprachspiel, ein Unterstellungs- / Übertragungs-Arrangement, ein vielschichtiger Kampf um die Wahrheit des Wort-Wirkenden, der langdauernd und umständlich ist. Die Autoren des letztgenannten PSYCHE-Artikels fügen dem schließlich noch weitere Umständlichkeiten hinzu, die für den therapeutischen Vorgang nicht viel bringen. Das von Freud angegebene Zuhören des Therapeuten mit fast meditativer ‚gleichschwebender Aufmerksamkeit‘, schließt ohnehin ‚semiotische Ummantelungen‘, Veränderungen des Stimmklangs und anderes mit ein. Das ist nichts Neues, und so muss man auch die herkömmlichen, klassisch agierenden Psychoanalytiker bezüglich der Verarbeitung des Nicht-Repräsentierbaren als äußerst kritisch betrachten, weil dort aber zu sehr das Wort-Wirkende betont wird und man aus dieser Einseitigkeit nicht mehr herauskommt.

Die ist auch einer der hauptsächlichen Gründe, warum ich die Psychoanalyse mit der Meditation verbunden habe, wobei in der letzteren eben mehr das Erscheinungs-Wirkende zum Zug kommt, womit wesentlich mehr – und zwar auch Nicht-Repräsentiertes – erreicht werden und meditativ ‚gesehen' werden kann. Aber ich vergesse das Wort-Wirkende nicht, da ich mich auf Lacan stütze, der es zur Haupt-Devise seiner Aussagen macht, indem er sich auf die Linguistik bezieht. Er verwendet allerdings einen Trick, indem er den eingangs gezeigten Bruchstrich so schreibt, dass auch im Nenner ein Signifikant steht. Den im Zähler

$$\frac{\text{Signifikant}_1}{\text{Signifikant}_2}$$

nennt er den Wort-Wirkenden Signifikanten $_1$, den Herren-Signifikanten, den im Nenner stehenden nennt er den bild-erscheinungswirkenden Signifikanten $_2$.[22] Damit sind die beiden Grundintentionen wieder vereint, allerdings nur mathematisch. Das wird in der *Analytischen Psychokatharsis* anders, nämlich Praxis bezogen und damit vollständiger erreicht.

In der ersten – und zwar mehr meditativen – Übung des Verfahrens der *Analytischen Psychokatharsis* wird – anfänglich bei geschlossenen Augen – auf des Innere geachtet. Wie beim Einschlafen ergibt man sich einfach

---

[22] Der Herren-Signifikant $_1$ stammt aus dem Hegelschen philosophischen Paradigma von Herr und Knecht Der Herr nutzt das Wort-Wirkende, das Ton Angebende. Signifikant $_2$ steht für das Wissen, das Know-How des Knechtes. Bereits Freud und dann auch Lacan setzten dem Herrn die Frau gegenüber. Auch wenn der Herr den Ton angibt, hat sie jedoch das Wissen in der Liebe, wozu ich später noch Stellung nehmen will.

dem inneren Blick, beginnt jedoch gleichzeitig mit dem rein gedanklichen Wiederholen formelhafter Formulierungen (*Formel-Worte*, in denen sich mehrere Bedeutungen überlagern (hier anbei in der Abbildung schon einmal ein vorgezogenes Beispiel). Dies hat also nichts mit indischen Mantras oder Ähnlichem zu tun, sondern mit dem bei Lacan verwendeten Bezug zur Linguistik. Vor allem dadurch, durch die Wissenschaft der Sprache im Zusammenhang mit den meditativen Erfahrungen, lassen sich auch die genannten ‚nicht repräsentierten' psychischen Verhältnisse erfassen und exakter deuten.

Beispiel eines Formel-Wortes in la-lateinischer Sprache.

Ich erläutere dies noch mehrfach im weiteren Text. Zudem gibt es im Anhang einen ausführlichen Kommentar zur praktischen Ausführung der Methode. Wenn es etwas Problematisches in meinem Schreiben gibt, dann liegt es daran, dass ich Lacan wegen seiner intellektuellen Brillanz favorisiere, mit der Meditation aber etwas geradezu Gegenteiliges ins Spiel bringe. Ganz klar muss auch der klassische Psychoanalytiker meditieren (mit *gleichschwebender* Aufmerksamkeit zuhören), und auch der Patient verfällt in seinen ‚freien Assoziationen', die er spontan äußern soll, zwar nicht gerade in Glossolalie (Zungenreden), aber doch in fast transartiges Sprechen. Lacans Ausführungen aber gehen weit über die herkömmliche Psychoanalyse ins Philosophische (Platon, Kant, Hegel, etc.), Linguistische, Mathematische und das

Freudianische, wissenschaftliche Spektrum hinaus, weshalb ich ihn zitieren muss. Trotzdem (trotz meiner psychoanalytischen Tätigkeit) meditiere ich auch selbst und bin so berechtigt, eine Verbindung der beiden Bereiche (Psychoanalyse und Meditation) zu versuchen.

Auch der Psychoanalytiker W. Huth, bei dem ich neben anderen in Ausbildung war, meditierte und schrieb ein Buch darüber.[23] Allerdings nimmt er darin nicht genügend Stellung zur Psychoanalyse, und vermittelt schon gar nicht eine eigene Methode der Verbindung mit dem meditativen Procedere. Bereits während ich bei ihm in einer Gruppentherapie war, erwähnte er – wie die Autoren in dem genannten Artikel in der PSYCHE – die Begrenztheit klassischen psychoanalytischen Vorgehens und dass er sich deswegen mit Meditation beschäftige. Auch der Psychoanalytiker H. Stein versuchte in seinem Buch ‚Freud spirituell' einen Ausweg aus dem Konflikt mit dem scheinbar zu großen Abstand zwischen Psychoanalyse und Meditation zu finden.[24]

Er stützt sich auf den etwas diffusen Begriff des ‚Selbst', der sozusagen ein erweitertes Ich darstellt. Manchmal benutzt er zwar das Wort ‚Subjekt' für diesen im psychischen Sinne nicht nur auf das Ego begrenzten Menschen, aber letztlich bleiben mythisch-mystische Beschreibungen von Yoga und indischer Meditation neben den psychoanalytischen Einlassungen immer wieder unzusam-

---

[23] Huth, A., und W., Handbuch der Meditation, Kösel (1996)
[24] Stein, H., Freud spirituell, Bonz (1997)

menhängend bestehen. Im Jargon der Marxisten könnte man sagen, er ist ein psychoanalytischer ‚Linksabweichler'. Er bleibt nicht auf der rechten Linie Freuds. Er verrät ödipal seinen Lehr-Vater.

Auch der indische Pandit B. S. Goel unterzog sich einer psychoanalytischen Ausbildung, schloss diese jedoch nicht ab. Aber er meditierte gleichzeitig und wurde zudem Anhänger des bekannten Gurus Sathya Sai Baba, der auch sehr viele westliche Schüler und auch solche aus indischen Regierungskreisen hatte. Aber Sai Baba war auch bekannt für das ‚Materialisieren' sogenannter ‚heiliger Asche' sowie für sexuell missbräuchliches Verhalten. Unbeschadet davon beschreibt Goel in einer sehr durchmischten Sprache aus psychologischen und yogisch-meditativen Begriffen seinen Weg und die daraus gewonnene eigene Methode der – wie er sie nannte – ‚psychoanalytischen Meditation'.[25]

Bei seinen Übungen hatte er Halluzinationen, die sehr an die Erfahrungen Gopi Krishnas erinnern, der mit dem Philosophen F. Weizsäcker ein Buch darüber schrieb.[26] Goel machte auch den Versuch einer Reinkarnationstherapie, doch für ihn bleibt Reinkarnation reale Wiedergeburt, wobei die ‚früheren Leben' durch ‚Revisualisierung' leibhaft sichtbar gemacht werden können.[27] Doch das Ganze ist lediglich vergleichbar mit einer ‚Virtual

---

[25] Goel, B. S. Meditation und Psychoanalyse, Ariston (1989)

[26] C. F. v. Weizsäcker, Gopi Krishna, Biologische Basis religiöser Erfahrung, O. W. Barth Verlag (1984)

[27] Goel, B. S., Third Eye and Kundalini (1985)

Reality', man sieht alles, begreift aber nichts. Dabei finde ich die von Goel angeregte ‚Revisualisierung' nicht unbedingt falsch. Er musste allerdings stets sehr suggestiv vorgehen, seine Klienten zu Erinnerungen drängen und wurde immer mehr zum üblichen Guru, zu dem man kritisch Stellung beziehen und klar betonen muss, dass die Zeit all dieser Wundermenschen wahrscheinlich abgelaufen ist.

Eine nur an der logischen Selbststruktur wissenschaftlich gründende Vorgehensweise gibt es erst seit Freud, der in der Erforschung der menschlichen Seele und im Dienste profunder Wahrheit auch seine Angst eingestanden und vieles Intime – so es eben notwendig war – von sich enthüllt hat. Er hat auch den Weg zum Erscheinungs- und Wort-Wirkenden gebahnt, den Lacan rein theoretisch hat. Ich beziehe mich im folgenden Text weiterhin häufig auf ihn, da er die umfassendsten, psychoanalytisch-wissenschaftlichen Begriffe, Bewiese und allgemeine Bemerkungen zu Geschichte, Philosophie, Linguistik, Literaturwissenschaft in seine Erkenntnisse eingewoben hat. Damit kann man sich – will man meine Argumente vertiefen oder kritisch betrachten, auch an seine Schriften halten. Empfehlenswert sind die Schriften 1-3 und das Seminar XI.

2. Bedürfnis und Begehren

Der Vielschichtigkeit des Erscheinungs-Wirkenden steht das mehr einschichtige Wort-Wirkende gegenüber. Während Ersterem etwas Metonymisches anhaftet (eine stetige Umbenennung), also ein Gleiten der Bezeichnungen und der Bilder, die sozusagen vom Hundertsten in Tausendste gehen können, passt zum Wort-Wirkenden die Metapher, die etwas verdichtet, vertont und schließt. Auch wenn es im Wort-Wirkenden metonymische Effekte gibt, kann man sich nur schwer vorstellen, wie man diese beiden Grundbegriffe vereinen kann. Verstandesmäßig geht das nicht, es braucht die Einheit des Praktischen, wie es im Verfahren der *Analytischen Psychokatharsis* versucht wird, die damit sozusagen eine Psychoanalyse in a nutshell ist, aber auch eine für alle.[28]

Lacans Lehre ist das Gegenteil einer Darstellung in der Nussschale. Sie besteht aus endlosen Verflechtungen, weshalb sie sich in breiter Manier nicht durchgesetzt hat. Lacan geht grundsätzlich davon aus, dass es seit jeher einen umfassenden Diskurs gibt, also eine universelle Art Worte, Symbole, Wort-Wirkendes, Signifikanten zu erstellen und auszutauschen, wobei im Nebenzug der Zusammenhang mit dem Erscheinungs-Wirkendem, dem Ikonischem, Imaginären oft versteckt oder als Topologie

---

[28] In meiner Broschüre ‚Eine Psychoanalyse für alle' habe ich Freuds Befürwortung der Laienanalyse, also einer Anwendungsmöglichkeit für Nichtakademiker, d. h. für alle dargestellt.

oder als sogenannte ‚Graphen' (geometrische Schemata) zum Tragen kommt. Würde man diesem Diskurs, also dieser Art des sich linguistisch Materialisierenden nur ein Wort, ein Diskurselement zu eigenen Zwecken entreißen, um beispielsweise Definitives über Psychologie zu erzählen, eine Ideologie damit aufzubauen oder einen Glauben zu etablieren, würde man bald merken, dass man letztendlich den ganzen Diskurs am Hals hätte, der einen dann ja nicht mehr loslässt, der einen also verfolgen würde wie ein Albtraum, wie ein Sprach-Monster. Der universelle Diskurs hat eben seine geregelte Struktur, in die sich alles einfügen, einschreiben muss.

Aber man entreißt ihm eben fast immer wieder ein Stück und geht damit in die falsche Richtung. Gerade die Aussagen des Glaubens und der Religion werden irgendwann von den tiefsten Zweifeln erschüttert, und so müssen meist neue, schlaue Theologen kommen, um die entrissenen Worte mit dem Hauptdiskurs wieder zusammen zu flicken, was irgendwann nicht mehr geht. Das gilt auch für den wissenschaftlichen Diskurs, schreibt Lacan, denn was macht der Physiker oder der Mathematiker ohne Worte, die sich – trotz und wegen ihrer fachlichen Überzogenheit – in den allgemeinen Diskurs einfügen müssen. Deswegen ist es gut, das Wort-Wirkende mit dem Erscheinungs-Wirkenden in eine reife, perfekte Kombination all dieser Zuschreibungen bringen und eine neue Wissenschaft kreieren zu können (eine, die auch das Subjekt einbezieht, indem man seinen selbst-schöpferischen Kräften eine Möglichkeit bietet).

Ich weise nochmals darauf hin, dass die durch den rein astrophysikalischen Aspekt wie dem Big Bang selbstschöpferisch entstandene materiell-energetische, bilderscheinungs-wirkende Welt, kaum eine Möglichkeit für etwas neues Selbstschöpferisches bietet, die dort beispielsweise nur in so etwas wie einem neuen, enorm großer Teilchenbeschleuniger bestehen könnte. Man hat bereits diskutiert, ob solch ein Zig Milliarden teures Gerät nicht vielleicht doch ein massives ‚schwarzes Loch' erzeugen könnte, das in einer Kettenreaktion die alte Welt vernichtend eine neue schafft. Derartige Skurrilitäten sind heutzutage nicht selten. Deswegen wird es sinnvoller sein, den Ausgangspunkt des selbstschöpferisch Erscheinungs-Wirkenden nicht wie erwähnt in der Physik zu verorten, sondern eher in so etwas wie dem Lacanschen ‚Ding', das vom Kant'schen ‚Ding an sich' herrührt, jetzt aber mehr mit dem Realen zusammnehängt.

Schon Freud hatte es das ‚Ding' genannt, hinter dem eben mehr Erscheinungs-Wirkendes steckt als in dem von Kant mit dem Wörtchen ‚an sich' völlig abstrahierten ‚Ding', bei dem man sich einfach etwas Dinghaftes hinter den Dingen vorstellen musste. Bei Freud dagegen hat das ‚Ding' Kraft, es „steht für das ursprüngliche Befriedungserlebnis des Individuums und verweist auf das verlorene (bei Freud stets inzestuöse) Objekt.[29] Dieses ursprüngliche Befriedungserlebnis wird von Freud

---

[29] Es geht es wieder um das Vater-Begehren als Gesetz, das sich gegen das Begehren des Knaben nach der Mutter richtet.

durchaus empirisch gedacht und löst ein nie zu stillendes Wiederfindungsbestreben im Subjekts aus, das auf eine unmögliche Identität des (ur)verdrängten Objektes mit seinen empirischen Substituten setzt. Das Ding liegt daher der Reihe der Objekte logisch voraus."[30] Mehr und weniger anspruchsvoll Philosophisches dazu im letzten Kapitel.

Im Wort-Wirkenden des Unbewussten lässt sich eine Selbstschöpfung, die allen helfen könnte, schon eher – wenn auch nicht vollständig – realisieren. Man muss nur, so Lacan, einen völlig neuen Diskurs erfinden. Er bevorzugt jedoch genauso wie alle Philosophen und Psychoanalytiker das Wort-Wirkende etwas einseitig. „Die Signifikanten," so sagt er, „sind die „Materialität, das Reale der Sprache."[31] Es handelt sich nicht um das Wort, den Begriff, allein, sondern auch um das mit ihm verbundene Reale, das Wirkende – und damit gibt es auch einen Bezug zum Wirkenden in der Natur, zum körperhaften Genießen und zum Wesen des Menschen als etwas Umfassenden überhaupt, womit dann doch wieder das von

---

[30] Zigovic, M., in Philosovereign.blogspot.com vom 29. 8. 2013
[31] Der Signifikant ist das Wort-Wirkende, das Symbolisch-Reale. Lacan betont auch, dass der Signifikant nur in seiner Vielschichtigkeit wirkt, der einzelne Signifikant ist keiner Bedeutung fähig. Die Vielschichtigkeit weist aber auch aufs Erscheinungs-Wirkende hin, aufs Imaginär-Reale, das die Signifikanten als sich überlappende Bilder zeigt. Gelegentlich spricht Lacan auch vom imaginären Signifikanten, es gibt also Überschneidungen. Ausführliche Erklärungen später.

Lacan weniger betonte Erscheinungs-Wirkende ein bisschen mit hereinkommt.

„Die Natur liefert Signifikanten", schreibt er. „Noch bevor die eigentlichen Humanbeziehungen entstehen, sind gewisse Verhältnisse schon determiniert . . .Vor jeder individuellen Deduktion und noch bevor überhaupt kollektive Erfahrungen . .sich niederschlagen, gibt es etwas, das dieses Feld organisiert und die ersten *Kraftlinien* [und das ist wiederum exakt Erscheinungs-Wirkendes] in es einschreibt . . . die Funktion einer ersten Klassifizierung." Und weiter: „Wichtig ist für uns, dass wir hier die Ebene erkennen, auf der es – noch vor jeder Formierung eines Subjekts, das denkt – bereits zählt, auf der gezählt wird. Wichtig ist, dass in diesem Gezählten ein Zählendes schon da ist".[32]

Mit dem Begriff der *Kraftlinien* hat Lacan also selber das Erscheinungs-Wirkende in sein so betont Wort-Wirkendes mit hinein gebracht. Die beiden gehören engstens zusammen und so fehlt den dem Diskurs entrissenen Worten eben auch das zugehörige Bild. Das gilt auch für die christliche Religion. Jesus sagt meistens, dass der göttliche Vater ihm nicht etwas wörtlich mitgeteilt, sondern gezeigt und zu sehen gegeben hat. Nur er hat das Bild, die Erscheinung gesehen, alle anderen nach ihm haben dann mit Worten, Worten und wieder Worten versucht, diese Sicht erneut zusammen zu basteln. Werden die Worte dem Diskurs nicht gerade deswegen im-

---

[32] Lacan, J., Seminar XI, Walter (1980) S. 26

mer wieder entrissen, weil man das entsprechende Bild, das Ikon, die ‚Vision‘ nie gesehen hat und sein Wesen im Unbewussten gar nicht kennt? Hat heute noch jemand ‚Visionen‘ wie Jesus sie hatte?

Nein, heute geht man anders vor. Wenn das Erscheinungs-Wirkende vor dem Wort-Wirkenden und das Bedürfnis vor dem Begehren da zu sein scheint, gibt es doch eine Art von Synchronizität, etwas nahe dem Gleichzeitigen, Simultanen zwischen den beiden. Der ‚Visionär‘ erfasst das Bild gleichzeitig mit einem Wort-Wert, den er aber nicht wissenschaftlich begründet, sondern nur intuitiv, mythisch, magisch, auf jeden Fall nicht ganz exakt erfasst hat, wie wir es heute leider machen müssen. Genauso wissenschaftlich begründet muss das Bedürfnis klar vom Begehren, um das es in der Psychoanalyse geht, abgetrennt werden.

Das Begehren ist kein verlängertes und verfeinertes Bedürfnis. Das menschliche Wesen besitzt von Anfang an im Zusammenhang mit seinen Bedürfnissen einen Anspruch, Apell, Anruf z. B. hin an die Mutter oder die Bezugsfigur, und es ist dieser Anspruch, der sich vom Bedürfnis losreißend im Zwischenraum das erwähnte frühkindliche Begehren entstehen lässt. Das Begehren dieser Art und in dieser Form kommt nur beim Menschen vor, es ist etwas Eigenes, etwas Erscheinungs- (die erwähnten *Kraftlinien*) und Wort- (die Signifikanten) Wirkendes in einer ersten, noch unreifen, manchmal chaotischen Form der Kombination. Auch Freud hat es so definiert. Man ist also nicht besser dran als Jesus, nutzt aber schon die wissenschaftlichen Begriffe.

Rein analogisch könnte man die biologisch, entwicklungsgeschichtliche, evolutionäre Perspektive als einen Vorläufer des Begehrens begreifen. Es lässt sich dann als das mit sich selbst 'durchgegangene' und 'vorauseilende Gehirn' der Vor und Frühmenschen und der ersten homini sapientes verstehen, wie es der Evolutionsbiologe C. Wills versucht hat. Diese Menschen sind von dem Erscheinungs-Wirkenden in sich selbst überflutet worden und haben so ein Wort-Wirkendes gebraucht, um sich zu stabilisieren.[33] Die festgelegten Instinkte sind frei geworden und streben in die verschiedenen Richtungen. Ich will damit jedoch zusätzlich nochmals klarstellen, dass der Begriff ‚vorauseilendes Gehirn' nur eine Allegorie ist. Für mich geht es um das überflutend Psychische, das in seiner bild-wirkenden Form, nur neben und mit dem Wort-Wirkenden zum Begehren im Unbewussten führte. Denn der Mensch ist nicht sein Gehirn, er ist – wie es auch der Philosoph Alva Noë zeigt – sein Text, seine Textur, sein textisches Gemisch (der Text betrifft das Wort, die Textur das Bild)!

Freud selbst äußert sich so, dass das erste Gesetzte, die Textur, ein Tastbegehren war, „so, als ob das Unbewusste mittels des Systems W-Bw [Wahrnehmung-Bewusstsein] der Außenwelt Fühler entgegenstrecken würde, die rasch zurückgezogen werden, nachdem sie

---

[33] Wills, C., Das vorauseilende Gehirn, Fischer (1996) S. 20.

deren Erregungen verkostet haben".[34] Es sind imaginär-
reale Fühler, ein sich vorstülpendes, tastendes Begehren,
also etwas, das schon andeutet, dass es sich ebenso um
das Sehen handeln kann, um das unbewusste Sehen, die
‚Schau', das Ikon, das Visionäre, das ‚Lichtgewordene'
im Alten Testament, das bei Freud stets auch infantil
libidinösen Charakter hat. Zumindest kann es wie alles
andere auch bei Freud dem Zentralsymbol des Begehrens, dem Phallischen, abgekürzt Φ (griechischer Buch-
stabe Phi), als unbewusst ‚Sexuales' subsumiert werden.[35] Natürlich sind wir nicht so sexuiert, wie sich das
bei Freud manchmal anhört. Aber Φ ist ja vorwiegend
Wort-Wirkendes, ein Signifikant, einer, der kein Signifikat hat, d. h. dass er verschleiert ist, nur hinter vorgehaltener Hand ausgesprochen wird und bedeutsam ist gerade durch seine Unbedeutsamkeit, seine Scheinwelt, seine
unbewusste Natur. Er ist ein ‚Rumpelstilzchen', eine
Figur, mit der ich später noch zeigen will, was es mit der
Freud'schen Sexualtheorie auf sich hat. Sie ist eine Theorie sexueller Symbole und nicht sexueller Realitäten.

---

[34] Freud, S., Studienausgabe, Fischer Verlag (1989) Band I, S.
369
[35] Der Psychoanalytiker J. Laplanche benutzte diesen Ausdruck, den man in Anführungszeichen setzen muss, denn es
hat nichts mit der Erwachsenensexualität zu tun, sondern
mehr mit der des Kindesalters, indem es um das Charakteris-
tische, das Bezeichnende, Signifikante des Erregenden, Begehrenden, Triebartigen geht, das eine Abreaktion, Befriedigung fordert. Das ist in der Schaulust nicht anders, als in der
oralen Lust oder der erwähnten Sprechlust.

Dieses komplexere Begehren, die Freud'schen Triebe, sind also nicht mehr objektiv im Sinne einem Bedürfnisses gekennzeichnet, sondern sind Ausdruck des S u b j e k t s, des dem Unbewussten unterstellten Erscheinungs- und Wort-Wirkenden. „Das Subjekt befriedigt aber nicht einfach nur ein Begehren, es genießt es zu begehren, und das ist eine wesentliche Dimension seines Genießens. Es ist vollkommen irrig, diese ursprüngliche Gegebenheit zu unterschlagen, . . .".[36] Von daher eben ist Φ ein Signifikant und das Begehrende des Begehrens unbewusst. Vor daher kommt das eingangs erwähnte Genießen ins Spiel, das allerdings von Φ her gesehen ein ‚Pläsier' ist, etwas Lustbetontes, Sexuelles eben und nicht die ‚Jouissance', das wahre Genießen, das sich vom phallischen Genießen sublimiert oder abgegrenzt hat.

Freilich weist auch der Begriff des Zählenden auf das Genießen hin, und zwar auf das, wo wirklich gezählt wird, das Genießen des Mathematikers zum Beispiel. Denn der Mathematiker versucht ja möglichst präzise, möglichst haargenau dieses Signifikanten/Begehren zu definieren. Und tatsächlich, hört man nicht immer wieder, dass die Welt eigentlich mathematisch aufgebaut ist, dass man zählen muss, ob mit Zahlen oder etwas anderem ist egal. Man kann durchaus mit dem ‚Ein', der Eins, mit l'Un, wie Lacan sagt, anfangen, doch dann darf

---

[36] Lacan, J., Seminar V, Die Bildungen des Unbewussten, Turia & Kant (2006) S. 371

man nicht einfach weiterzählen mit der Kette der ersten ganzen Zahlen, die nämlich bis heute nicht empirisch klar theoretisiert sind. 1,2,3,4,5 sind nur Signifikate, Zeichen für jemand, aber Zeichen eines Subjekts – und um dies geht es ja hier – sind Signifikanten. Man muss sich ein bisschen mit diesen Lacanschen Begriffen herumschlagen und hinsichtlich des Genießens ist das besonders schwierig. Jedenfalls war Mathematik in der Schule für die meisten absolut kein Genuss und die Mathematiker – sind sie nicht immer etwas weltfremd? Ich denke, dass das von mir in diesem Buch anvisierte Verfahren der *Analytischen Psychokatharsis* Besseres zu bieten hat.

Diese Eins, das erste ‚Ein‘, bleibt noch unbestimmt, weil kein wissenschaftliches Argument da ist, wie man weiter zählen soll. Die einzige Möglichkeit weiter zukommen besteht nun darin, es einerseits wie Kant zu machen, also dem Wiederholungszwang nachzugeben und ein zweites ‚Ein‘ dazu zu setzen. ‚Ein‘ und noch als ein anderes ‚Ein‘. Trotzdem ‚Ein‘◆‚Ein‘, eine Art von Doppelklick, wie man ihn am Computer anwendet.[37] Es herrscht so auch wieder das Rhythmisierende des Genießens vor, eine Kombination des mathematisch Realen und der wort-wirkenden Sprechlust. ‚Fit‘/‚fit‘, ‚Ein‘◆‚Ein‘, es ist

---

[37] Der Wiederholungszwang steht bei Freud dem von ihm so genannten Todestrieb nahe, was die Sache ziemlich pessimistisch macht. Ich werde noch zeigen, dass es auch kreative Wiederholungen gibt. Das Zeichen steht für ‚Beziehung zueinander‘.

das Gleiche. Andererseits kann man auch eine ganz andere Mathematik verwenden, in der eine Eins eine Null repräsentiert für eine andere Eins! Und damit kann ich mit all dem theoretischen Zeug aufhören, Vorbild dafür ist nämlich die Psychoanalyse selbst.

In ihr sind die zwei zusammen sitzenden Personen, die sich nicht ansehen, ein Paradebeispiel dafür, dass das Blickliche, Imaginäre, Erscheinungs-Wirkende das Primäre ist, die erste, die eine Eins, die Schnittstelle der beiden. Analytiker und Patient, vermeiden den Blick, um sich in die letzten Buchstaben der Worte hinein flüchten zu können, um nicht im Blick miteinander verschmelzen zu müssen.[38] Die verschmelzenden Blicke würden sie nicht aushalten, aber sie sind das Primäre, das autochthone Körpergenießen, und so sind beide im Sich-Nicht-Sehen zuerst einmal füreinander eine Null. Erst wenn das herantastende Sprechen Entscheidendes zu Tage fördert, wird die Beziehung zwischen beiden reifer, bewusster und der Null/Eins Abstand, die Schnittstellen-Seiten der beiden wird klarer, weil die Beziehung des einen Einen zum anderen Einen besser bezeichnet ja enthüllt und definiert werden kann.

Diesen Vorgang kann man ebenfalls erneut in der frühen Mutter – Kind Beziehung herausstellen, die doch so entscheidend für die seelische Entwicklung ist. Zuerst

---

[38] Der Therapeut sitzt abgewandt hinter dem Patienten. Es soll keinen Blickkontakt geben. Der primäre, unverstellte Blick hat etwas Verschmelzendes an sich. Mehr dazu im Kapitel 3.

gibt es auch hier diese Dopplung der Einsen. So würde das Kind schon im Mutterleib deren Laute aufnehmen und nach der Geburt auf deren Reverie-Geplapper mit Widerhalllauten reagieren. Diesen Laut ◆ Laut Vorgang hat schon die Psychoanalytikerin Birkstedt-Breen ausführlich beschrieben, und davon gesprochen, dass Kinder, die diese Widerhall-Erfahrungen nicht machen, später nicht ausreichend träumen können und psychische Probleme haben. Das Widerhallende, das Rhythmische des ‚Ein' ◆ ‚Ein' ist also wichtig, und dennoch stellt sich die Frage, wie es von da aus weitergeht, denn es handelt sich immer noch nur um die Spiegelrelation, nur um das Freud'sche Ideal-Ich, das narzisstische Ich.

Nun, in diese Relation wirkt eben das Symbolische, das Wort-Wirkende des Vater-Namens hinein, was sich am besten durch eine Skizze oder einem Schema erklären lässt. Denn dann wird schnell klar, um was es geht. Die Graphik rechts zeigt die seelische Intention, die ereignis-wirkende Strebung des Subjekts in einem Bogen aufwärts und wieder

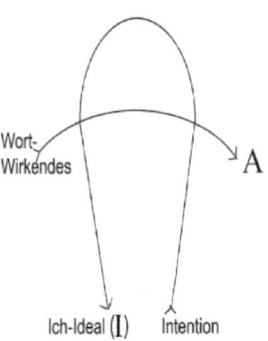

abwärts bis zum sogenannten Ich-Ideal (groß I). Das Ich-Ideal besteht nicht mehr nur aus der Ich-Spiegelung, sondern aus dem auch zudem symbolisch definierten Ich-Gefühl, Ich-Zustand, es sozusagen bei sich gut eingerichtet, bestätigt, anerkannt zu haben. So etwas bleibt einem dann meist das Leben lang, eben weil es gestützt wird durch das, was der quer-kreuzende Bogen des Wort-Wirkenden, des Vater-Namens als solcher im Unbewussten des Subjekts bewirkt: A nämlich, den bedeutsamen unbewussten *Anderen*, der auch Über-Ich, Ich-Ideal, Gewissen und Kompagnon sein kann. Trotzdem handelt es sich noch nicht um die ganz erfüllende Lebens-Struktur, nicht das Weisheits-Ich, das dem Realen nahesteht und Wissen über das Genießen, die „Jouissance' besitzt.

Zur weiteren Erklärung dient eine zweite Graphik Lacans, sein unten stehendes Schema R, in dem erneut das für ihn so wichtige große A des bedeutenden *Anderen* zu sehen ist. A ist also unbewusst und besteht auch aus dem Erscheinungs-Wort-Wirkenden, des Imaginär-Symbolischen, in der Seele eines jeden Menschen. Oben im Schema R steht es an der Senkrechten rechts, wo es den A*nderen* in Form der Mutter als Primären, nicht voll umfassende(n)(s) A bedeutet, während die Hauptlast bei P, dem Vaterprinzip liegt. Die Mutter repräsentiert den A*nderen* mehr erscheinungs - wirkend und nicht in dem Maße prinzipiell wie es der Vater-Name vermittelt, der hier eben – wie schon erörtert – strukturell symbolisch ist. Die linke Senkrechte angefangen mit dem Subjekt

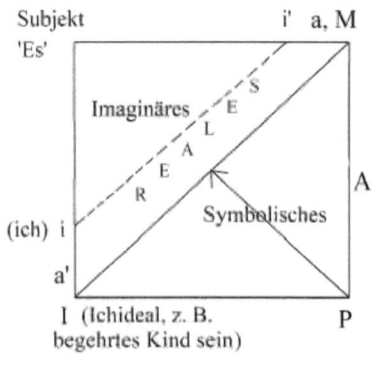
l (Ichideal, z. B. begehrtes Kind sein) P

über zum das i des Ichs bis zum I des schon als von Freud so genannten und vorhin erwähnten Ich-Ideals Reichenden, stellt die Seite des Kindes dar. Das ich (i) korreliert mit einem Bild, Spiegelbild von sich selbst oben in i' als Ausdruck der rein narzisstischen Position, dem Ideal-Ich, aber auch als der vom i zum mütterlichen ,Objekt' a.

Man spricht hierbei manchmal von ,projektiver Identifizierung', d. h. das Kind identifiziert sich mit diesem ,Objekt' mittels eigener Projektion (a'). Vorbild für all das war der Mythos vom königlichen Prinzen Narziss, der sich bekanntlich beim Blick auf eine glatte Wasseroberfläche so sehr ins eigene Spiegelbild verliebte, dass er unfähig war mit der ihm zugedachten Partnerin, der Nymphe Echo zu kommunizieren. Allerdings muss man zugeben, dass Echo keine einfache Partnerin war, denn sie hörte immer nur sich selbst, war nur ihr eigener Widerhall. Sie befand sich also gerade auf der Stufe der oben genannten Widerhallphänomene. Es war also kein Wunder, dass die beiden, der nur sich selbst Sehende und die nur sich selbst hörend Widerhallende, nicht zusammenkommen konnten. Nun ist die Beziehung zum ersten Objekt, dem a der Mutterbrust, stark vom i' und a betroffen, so dass Lacan diesen Aspekt in seinem Spiegelschema mit der Formel i'(a) beschreibt.

Dieses also noch stark von der narzisstischen Eigenliebe des Kind-Ichs gefärbte mütterliche Objekt kann keine ausreichend gute Beziehung sein, denn die Mutter in ihrer Ganzheit ist bestimmender, ist eigen, wenn auch dem Kind ganz zugewandt. Dennoch bildet sich ein erstes seelisches Objekt im Kind aus, das i' (a), das sich auch auf andere Beziehungen übertragen lässt, zum Beispiel zu Spielkameraden. Auch zu diesem gibt es die Spiegelbeziehung, die Freud die des Ideal-Ichs nannte, was sich im Schema R durch die gesamte imaginär gekennzeichnete Dreiecksfläche Fläche darstellt. Die kleinen a, die im weiteren Leben auch – weniger im Außen als gespiegelt im eigenen Inneren – alle Lustobjekte, Lustzustände darstellen, sind neben dem mit großem A geschriebenen unbewussten *Anderen* Lacans Favoriten in seiner frei wörtlich vorgetragenen Lehre als auch in seinen Schemata.

Die Spiegelbeziehungen im Rahmen des a können jederzeit in etwas Aggressives, Perverses, Verstörtes kippen, denn sie haben ja anscheinend in ihrer bildhaften, imaginären, bild-erscheinungs-bewirkten Flut keinen Halt, kein Gedächtnis mit genügender Distanz zwischen Subjekt und Objekt. Der Unterschied vom Ideal-Ich, als etwas identifizierend Projektives zum Ich-Ideal als etwas symbolisch Introjiziertem vereinfacht das Verständnis des Erscheinungs- und Wort-Wirkenden, sowie die Formen der Selbstschöpfung.[39] Es geschieht nämlich etwas ganz anderes im Ich-Ideal, dem großen I im Schema R. Das Subjekt hat hier schon Beziehung zu A in Richtung auf P, dem Vater-Namen, dem prinzipiellen Vater oder

---

[39] Freuds Begriffe Ideal-Ich und Ich-Ideal für zwei so verschiedene Vorgänge bzw. Gegebenheiten sind – da fast gleichlautend – etwas unglücklich.

eben vielleicht noch besser dem symbolischen Vater. Freud hat diesbezüglich lange herumgedoktert, indem er vom ‚Vater der Vorzeit' sprach, irgendeinem mythisch-mystischen Vater. Doch er ist mehr ein reines Symbol, ein Symbol seiner Logik, wenn man will.

Diese Richtung ermöglicht dem Subjekt jedoch eine wort-bewirkte Idealisierung, die – um eben gleich ein frühes Beispiel zu finden – dem Gefühl ein gewünschtes, begehrtes Kind zu sein und später in einem Namen oder in anderen Bereichen bestätigt zu sein, z. B. als Mitglied einer Gruppe von Freunden anerkannt zu sein, berufliche Erfolge zu haben, sich mit dem Ziel eines Autrags zu identifizieren, etc. Eigentlich fällt alles was Rang und Namen hat darunter, ja fast alles, was man heute gut heißt, denn das Ich-Ideal existiert freilich auch unter Psychoanalytikern. Doch hier weist es eine fragwürdige-re Bedeutung auf. Schon Freud hatte in seinem Buch ‚Das Unbehagen in der Kultur' seine eigenen Schüler kritisiert, dass sie sich in ihren Instituten einigeln und so Ich-Ideale bilden, anstatt so wie er weiterführende Pio-niere zu sein.

Während also das a im Ideal-Ich stark mit dem Erschei-nungs-Wirkenden verwandt ist, hat das A (der/das *Ande-re*) deutlichen Bezug zum Ich-Ideal als von Wort-Wirkenden her geformt.[40] Wo das a dem Objekt nahe

---

[40] Lacan schreibt **A**, den/das unbewusst Andere(n) meist quer durchgestrichen, also **Ⱥ**, weil er nicht Garant der Wahrheit ist, sondern wie eben auch die bedeutendsten Väter unserer

steht, ist es beim A das Subjekt, das ‚Es‘, das Freud'sche Subjekt. Und Subjekt heißt: unterstellt sein, und zwar dem Unbewussten unterstellt sein, also all dem, was da in einem rumort, raunt und eben *Spricht*. Ich schreibe das so groß und kursiv, weil dieses Sprechen ja in A stattfindet, das kein lebendiges Wesen ist, aber auch nichts Totes, sondern etwas Intersubjektives, das eben Bezug zu P, zu pater als prinzipium hat, während a als ‚Objekt‘ des Begehrens, dem Erscheinungs-Wirkenden nahesteht, indem es Scheint, *Strahlt*, wie die Scheinwelt des Sexes, die auch halb lebendig und halb tot ist.

Als solcher Mix eines *Spricht* und *Strahlt* ist der Vater bereits ein bisschen in seiner Frau, der Mutter des Kindes, vorhanden, oder überhaupt im Rückblick auf die Generationen der Väter präsent, was sich wiederum – den Kreis schließend und nochmals erneut gesagt – in der Beziehung Mutter-Kind auswirkt und was im Endeffekt den sogenannten Ödipuskomplex ausmacht. Gemeint ist also das a des väterlichen Begehrens als Erscheinungs-Wirkendes bei der Mutter, wo es eben wie magisch, wie transduktiv, eben als Schein-Objekt bei der Mutter einen erotischen Eindruck hinterlässt, den das Kind irgendwie zu spüren bekommt. Ich kann diesen ‚ödipalen‘ Vorgang an Hand der Geschichte Freuds vom ‚kleinen Hans‘ noch weiter ausführen. Denn dessen Eltern hatten bei ihm die negative Seite des Ödipuskomplexes mitverursacht.

Geschichte irgendeine Schwäche hat. Das ändert jedoch nichts an seinem Symbolgehaslt.

Laut Freud treten im Ödipuskomplex der Knabe und das Mädchen in die bereits erwähnte gleiche ‚phallische' Phase ein. Es handelt sich nicht um irgendein ‚Phallisches', sondern um das speziell vom Vater her insinuierte Symbol des Begehrens, Φ. Ich erkläre dies immer gerne mit dem Lingam der Inder, das nicht den Phallus als solchen repräsentiert, wie es die englischen Besatzer glaubten, als sie in Indien einmarschierten. Der Lingam zeigt nicht den Phallus von jedermann, sondern den eines Auserwählten, den eines Gottes – und das heißt nichts anders, als den eines besonderen Signifikanten.[41] Der imaginäre Phallus (z. B. Lingam) ist sozusagen im Schema R vom imaginären Dreieck links ins Dreieck rechts gerutscht und dort symbolisch Φ geworden, wo er seine Signifikanten-Wirkung, sein Wort-Wirkendes ausübt.[42]

Doch als Geschlechtssymbol des Vaters vermittelt es beim Knaben eine Rivalitätssituation zum Vater, beim Mädchen dagegen eine Ausgleichsfunktion gegenüber der Mutter. Das männliche Kind muss erfahren, dass der Vater als Rivale ihm die Mutter verweigern wird, und wenn dies wirklich klappt, wird das Kind aus dem Ödi-

---

[41] Auch seine Funktion bei der Zeugung ist als Fruchtbarkeits-Symbol wesentlich.

[42] Lacans Φ steht für den schon bei Freud im Zentrum des Trieb-Struktur-Konzeptes stehenden ‚symbolischen Phallus'. Was ein symbolischer Phallus ist, ist jedoch für manche nicht leicht zu verstehen. Ich nenne es daher weiterhin ein Symbol für das Begehren, das libidinösen Charakter hat, nutze aber der Einfachheit und Anschaulichkeit auch das Zeichen Φ.

pus-Konflikt geheilt herauskommen und wissen, dass es eines Tages eine ihm gleichwertige Frau beglücken können wird. Analog gilt dies für das Mädchen, das genauso aus der vom Begehren gekennzeichneten Mutterbeziehung herauskommend einen Umweg über die Identifikation mit dem Vater und dessen Φ eingehen muss (ich werde einmal den Papa heiraten, der Papa wird mir mal ein Kind schenken, etc.), sich älter werdend aber von den Elternfiguren lösen wird, um ebenso eigene Beziehungen einzugehen.

Freud hat also diese Zusammenhänge anschaulich an Hand der Psychoanalyse des ‚kleinen Hans', eines vielleicht dreijährigen Wiener Jungen, beschrieben, bei dem es allerdings nicht so geklappt hat wie gerade erwähnt, denn die Eltern haben unglücklich agiert. Die Mutter war dominierend und hat den Vater wegen üblicher Ehequerelen aus dem Schlafzimmer verbannt, dafür aber den ‚kleinen Hans' mit ins Ehebett genommen. Der tendierte zur frühkindlichen Masturbation und redete gerne von seinem Penis und auch davon, wer diesbezüglich einen – vom Symbolwert her gesehen – größeren, aber vielleicht auch gar keinen hätte.

Bei der Mutter war es ihm nicht klar, der Vater intervenierte nicht verbietend genug und entfachte kein Donnerwetter darüber, dass der ‚kleine Hans' im Ehebett keinen Platz hätte. Und so verstrickte sich der kleine Hans' im Hin und Her des ‚phallus imaginaire & symbolique', des Φ, und entwickelte eine schwere Phobie und Angstneurose. Er übertrug den Konflikt auf die Pferde, die vor dem Haus – damals noch als Kutschen- und Transportpferde – standen und ihn beißen wollten, ja dazu sogar ins Haus kämen. Durch klärende Gespräche mit Freud konnte der Vater seinem Söhnchen die wahren Bedeutungs- und Beziehungs-Verhältnisse letztlich klar machen und so eine weitgehende Besserung der Phobie erreichen.

Doch noch vor diesem Komplex, der ja bereits eine gesellschaftlich nachvollziehbare Struktur hat, liegt das narzisstische Stadium mit seiner Besonderheit, dem ‚primären und sekundärem Narzissmus', zu dem ich nochmals kurz kommen muss, weil er Bedeutung in der *Analytischen Psychokatharsis* hat. Alle Menschen würden in der frühesten Kindheit einen narzisstischen Zustand durchlaufen, heißt es diesbezüglich: „Das Kind empfindet sich mit der Mutter als eins, und hat den Unterschied zwischen Subjekt (selbst) und Objekt (Mutter) noch nicht vollzogen. Seine Libido richtet es daher ausschließlich auf sich selbst.[43] Egal wie man diesen Narzissmus jetzt nennt, er kann nicht mit empirischen Mitteln nachgewiesen werden. Schließlich kann diese Selbstspiegelung, vor allem wenn sie extrem ist, ja anscheinend nirgendwo aufgehängt, gespeichert und so memoriert werden.

Trotzdem verwendet Freud den Begriff des ‚primären

---

[43] Peters, U. H., Wörterbuch der Psychiatrie und medizinischen Psychologie, Narzissmus, Urban & Schwarzenberg, München (1984), S. 366.

Narzissmus' und schreibt an anderer Stelle zudem über
die ,erste Niederschrift' seelischer Vorgange im Unbewussten als etwas ebenso Urpsychischem wie dem ,pri-
mären Narzissmus'. Lacan gefiel das gar nicht.[44] Denn
,Niederschrift' hieß ja niedergelegte Zeichen, Buchstaben, Worte, die sich nun tatsächlich im Unbewussten
speichern und memorieren ließen. Lacan wollte daran
festhalten, dass der Beginn des Unbewussten von vornherein mit dem Wort-Wirkenden, dem Symbolischen,
dem „Ça parle dans inconscient" (Es *Spricht* im Unbewussten) zusammenhängt. Wie schon gesagt, wollte er
dem Es *Strahlt* des Erscheinungs-Wirkenden keinen
Vorrang geben, speziell ja auch in der Frage der Selbstschöpfung. Dass jedoch beide Kreationen aus dem
Nichts stets schlecht und recht verbunden nebeneinander
stehen, wollte er nicht sehen.

Diese ,erste Niederschrift' im Urseelischen kann nämlich nicht bereits von dem Wort-Wirkenden allein verfasst worden sein, wie nicht nur Lacan, sondern auch die
meisten Psychoanalytiker es gerne sehen möchten, indem nur der in Worte zu bringende Vorgang im Gedächtnis bleibt. Bilder, gerade blitzartige Eindrücke,
etwas, das nur *Strahlt,* haftet nicht, weshalb man von den
frühen noch scheinbar sprachlosen Erfahrungen nichts
wissen kann. Sprachliche Artikulation erfordert eine in
sich eingeschlossene Distanz, während der blickliche,
der strahlend-strukturelle Eindruck distanzlos und zur
Erinnerung unfähig ist. Dennoch liegt gerade darin die

---

[44] Lacan, J., Seminar VII, Quadriga (1998) S. 65

Form eines ‚archaischen Unbewussten' vor, wie Lacan an gleicher Stelle selbst moniert.

Speziell aber bezieht sich eine andere Gruppe der psychoanalytischen Autoren darauf, so z. B. der schon erwähnte Ferrari und Lombardi, die das von mir bereits anfangs zitierte COO, das ‚concrete original object' in den gleichen Vordergrund gestellt haben, wie Freud den ‚primären Narzissmus' und die ‚erste Niederschrift' im Unbewussten. Also kann man doch dabei bleiben, dass das Selbstschöpferische nicht nur die ‚creatio ex nihilo' der Signifikanten des Wort-Wirkenden ist, sondern auch des Erscheinungs-Wirkenden, das sich nicht nur im Außen, sondern synchron auch im frühen Innen des Menschen bewegt.

Weil das Erscheinungs-Wirkende von der klassischen Psychoanalyse nicht genügend erfasst wird, hat Lacan versucht diese Diskrepanz durch Topologie, durch die Einstein'sche Geometrie oder graphische Darstellungen zu kompensieren und als das archaisch Unbewusste zu erklären. Er war aber doch überzeugter, sprachorientierter Freudianer, und so blieben diese Erörterungen zwar sehr interessant, aber für das psychoanalytische Vorgehen in der Praxis nicht gut genug verwendbar. Auch ich kann dazu nicht allzu viel beitragen, werde aber bei der Beschreibung der Praxis der *Analytischen Psychokatharsis* einen Weg aufzeigen, der dieses Problem ideal löst. Denn auch was man nicht im Gedächtnis speichern kann, im Unbewussten ist es trotzdem vorhanden und kann, wenn auch manchmal nur für Momente, ans Licht, in eine psychische Helligkeit, Luzidität (*Strahlt*) und bedeutsame Erscheinung geholt werden.

Lacan hat zwar exakt in diesem Sinne vom Freud'schen ‚Ding' gesprochen, das wie gesagt auch von Kants ‚Ding an sich' herrührt. Freud führt den Begriff des ‚Dings' in seinem Entwurf einer Psychologie aus dem Jahre 1895 ein. Bei Lacan wird das ‚Ding' nun zu einem eigenartigen Urgebilde, das im psychisch Unbewussten vielleicht nicht bewahrt, aber im besonderen Fall greifbar ist als mögliches Sein im Außerhalben des ‚frühesten Vor-Gestellten', als direkten Aspekt der ‚Mutter-Kind-Psychologie.[45] Lacan spricht hier sogar von einem ursprünglichen ‚Mutter-Ding', denn dieses ‚Ding' bleibt allen Menschen – so die Auffassung der meisten Psychoanalytiker – als Rest im Unbewussten lebenslang erhalten. Das passt zur erscheinungs-wirkenden Selbstschöpfung, die doch ebenfalls nie aufhört Gelegenheit zur Wirkung zu haben, und warum sollte man es nicht mit dem Mutter-Begriff, der Ur-Mutter allen Seins verbinden. Dies würde ermöglichen selbst Freud mit der *Analytischen Psychokatharsis* in Beziehung zu setzen.

Lacan schreibt dem a, hinter dem für mich als Geläutertes, wesentlich Verfeinertes, Sublimiertes das ‚Ding' seine Position haben könnte, viele Bedeutungen zu: es ist außer dem mütterlichen ‚Objekt' das ‚Objekt' des Begehrens, der Schatten des Ichs, das stets irgendwie fehlende ‚Objekt', Angelpunkt in der Metonymie, der phy-

---

[45] Lacan, J., Seminar VII, Quadriga (1996) S, 74 und 84

sische Rest, der das Dasein verkörpert, der Einsatz des psychoanalytischen Aktes, a Seinesgleichen, ja auch die durch den ‚Un-père réel' (realen Übervater) gerufene dritte Position gegenüber der Spiegelung a-a'. Das ‚Objekt' a ist tatsächlich das psychisch-somatisch Untergeordnete, aber auch Hinführendes zur übergeordneten Darstellung des Erscheinungs-Wirken-den als einer primären Grundintention, bezüglich derer ich fast geneigt bin, sie als noch vor dem Urknall existierend festzulegen, wäre da nicht noch Begriff des ‚Dings' als etwas theoretisch überhaupt nicht zu Erfassenden. Doch ist dies eine typische Sackgasse der heutigen Wissenschaften, denn so gesehen läuft alles wieder auf die entscheidende Funktion der Praxis hinaus.

Man kommt anders nicht aus der Klemme heraus, das ‚Objekt' a als Vertreter der Freud'schen Sexualtheorie und als das ‚Ding' als etwas darüber Hinausgehendes – und doch beides aus dem Bereich des Erscheinungs-Wirkenden – zu begreifen und somit die Psyche, die menschliche Seele als tief gespalten anzunehmen. Ist sie doch schon gespalten in Erscheinungs- und Wort-Wirkendes. Bevor ich erneut die *Analytische Psychokatharsis* als Ausweg anbiete, ein Hinweis dahingehend die gesamte Problematik also noch von einer zweiten Beziehungsebene zwischen Kind und Mutter, nämlich nicht nur von der her zu erklären, durch die das Geschlechtliche hereinkommt, sondern von einer, die betont vom Erscheinungs-Wirkenden gekennzeichnet ist, aber auch an dem Vorgang des Übergangs zum Symbolischen, zum Wort-Wirkenden mitbeteiligt ist. Es geht nicht um den Vater, dessen Geschlechtlichkeit ‚transduktiv' ihren Platz bei der Mutter hat, sondern um eine Vater/Mutter-Verbindung, Mann/Frau-Beziehung, die theoretisch einfach nicht weiter erörtert werden kann.

Nur die Praxis kann es richten, und so stellt Lacan oft klar, dass das Symbol Φ für eine Witzfigur steht, eine Nichtigkeit, die man aber wohl nie ganz loswerden wird, solange die Menschen irrationale Lüste (Objekte klein a der ‚Mehrlust' wie Lacan sie später nennt) haben, Begehren und blindes Verlangen, weil das mehrheitlich imaginäre, bild-wirkende ‚Ein(s)' der Frau (Mutter) dem mehrheitlich symbolischen, wort-wirken-den ‚Ein(s)' des Vaters als die entscheidenden Eckpunkte im menschlichen Unbewussten weiter existieren werden. Dem Begriff ‚Mehrlust' als Ausdruck für das stete ‚Mehr' eines zu genießenden Objektes, steht das ‚vollendete Objekt', der psychische Zustand gelungener Reife gegenüber, wozu ich erst später im Zusammenhang mit dem ‚Ding' genaueres schreiben will.

3. Trauma

Es gibt immer wieder mal Zeiten, in denen das Interesse an Meditation zunimmt oder abnimmt. Mehr und mehr wird jedoch der Anspruch spürbar, ob Meditation nicht grundlegender, wissenschaftlicher, ergebnisgesicherter angeboten wird. Lange Zeit waren christliche, Natur orientierte und von Indien in den Westen transportierte Meditationsformen in Mode. Letztere blieben ganz dem asiatischen Kulturkreis, dem Buddhismus oder dem Yoga verhaftet. Man konnte Erfolge haben, musste sich aber dem mythisch, mystisch, magischen Denken dieser Methoden ausliefern. Spätestens seit der Transzendentalen Meditation des Maharishi M. Yogi und der Dynamischen Meditation von Bhagwan Rajneesh sind jedoch derartige Tendenzen wie der Ruf nach Wissenschaftlichkeit wahrzunehmen. Aber sowohl die TM wie die DM konnten der behaupteten Seriosität und dem szientistischen Anspruch nicht gerecht werden. Noch tut sich auf diesem Sektor nichts wirklich Neues.

Mit aus diesem Grund habe ich das Verfahren der *Analytischen Psychokatharsis* entwickelt, das wie eingangs gesagt nur zur Hälfte – in einer ersten Übung – aus einem meditativen Vorgehen besteht. In einer zweiten Übung kommt das Psychoanalytische zum Zug. Das Ganze in etwas Wissenschaftliches einzubinden war jedoch faszinierend aber auch schwierig. Nach meinem medizinischen Staatsexamen begann ich mich für Meditation zu interessieren und las einige Bücher darüber. Ich fing allerdings zuerst einmal mit einer psychoanalytischen Ausbildung im hiesigen Institut an, weil dies der Wissenschaftskultur natürlich näher lag. Aber die Sache war nicht so befriedigend, wie ich dachte. Die Dozenten im Institut waren nett und gebildet, aber es fehlte Ihnen genau die Jovialität, die Ausstrahlung, das Persönlichkeits-Genre, das ich erwartet hatte.

Sie waren alle ein bisschen bieder, spießig, ja fast zwanghaft, wo dies doch gerade ein Merkmal war, das sie psychoanalytisch zu behandeln vorgaben. Mehr und mehr war ich von der Arbeit im Ausbildungsinstitut befremdet, fand alles zu übersachlich gelehrt, war aber auch – das muss ich zugeben – meinem Lehranalytiker gegenüber nicht immer offen genug. Anfangs dachte ich, dass mir dreißig Sitzungen bei ihm genügen würden, aber das traute ich mich dann doch nicht zu sagen. Er hätte es mit Sicherheit als einen ödipalen Wunsch gedeutet, nämlich den Vater vom Sockel zu stoßen, da so ein- bis dreihundert Ausbildungsstunden in etwa üblich waren. Zudem gestand ich ihm erst nach sehr langer Zeit peinliche Phantasien, denen ich mich unbewusster Weise immer wieder mal hingegeben hatte. Er deutete mein Geständnis fast ein bisschen barsch mit den Worten: „Das haben jetzt nicht Sie gesagt!"

Ich fand diese Interpretation meiner Aussage trotz ihres scheinbaren Widerspruchs durchaus beeindruckend. Es bewegte etwas in mir, auch wenn mir nichts weiteres dazu einfiel und ein fortgesetztes Gespräch darüber nicht zustande kam, Freud selbst hat es in mir gesagt, dachte ich noch, da man seiner Forderung nach in der psychoanalytischen Therapie ja alles sagen sollte, was einem einfiel. Nun waren es auch nicht die spontanen, freien Assoziationen gewesen, die ich geäußert hatte, sondern eine eben lange zurückgehaltene Beichte. So gesehen war sein „das haben jetzt nicht Sie gesagt" irgendwie richtig. Schließlich kam alles heraus, was verdrängt, ja vielleicht sogar abgespalten in mir unbewusst rumorte, aber auch perfide, angstbesetzt oder aggressiv war.

Ich schloss die Ausbildung trotzdem erst viele Jahre später ab und führte dreißig Jahre lang Analysen durch. Das war kompliziert, denn man musste für jede Behandlung über den Patienten ein Gutachten abgeben, indem schon relativ weit vorausschauend berichtet werden sollte, wie man dessen sogenannte Psychodynamik, Diagnose und Prognose beurteilte. Dabei war doch klar, dass man in der analytischen Psychotherapie genau umgekehrt vorgeht, wie in der somatischen Medizin: dort stellt man die Diagnose am Anfang und richtet danach die Therapie aus. In der Psychoanalyse kann man jedoch erst am Ende die klare Diagnose sehen, anderenfalls würde man dem Patienten etwas Ungeklärtes aufs Auge drücken. Die Sache mit dem Gutachten ist insofern ziemlich bescheuert, aber die Krankenkassen wollten ein Regulativinstrument haben, damit Therapien nicht zu lange ausgedehnt würden. Letztlich hatte das Gutachterverfahren aber einen gewissen Supervisionseffekt, den ich ganz gut fand.

Schon nach knapp zwei Jahren in der psychoanalyti-schen Ausbildung suchte ich Anschluss bei dem verglei-chenden Religionswissenschaftler und Yogalehrer Kirpal Singh in dessen Münchner Gruppe, die wöchentlich einmal zusammenkam. Wir waren nur zu acht oder neun Personen verschiedenster Couleur, darunter auch der Apo-Kommunarde R. Langhans aus der Münchner High-Fish Community, die ich witziger Weise schon vorher ein paar Mal besucht hatte, um LSD zu erwerben. Mit dieser Droge kann man künstliche, aber auch grob ver-fälschende Einblicke ins Unbewusste haben. Letztlich war jedoch der meditative Yoga überzeugender, auch wenn hier gerade der von mir kritisch gesehene asiati-sche Hintergrund – trotz wissenschaftlich vergleichender Betrachtungen sogenannter ,spiritueller' Grundlagen – ein wenig störend wirkte. Der Yoga ist zwar meistens gegenüber Religion, Kultur und unterschiedlichen geis-tigen Disziplinen neutral, aber in seiner Ganzheit eben nicht wissenschaftlich genug.

Dennoch habe ich mit der Meditation Erfahrungen ge-macht, die ich in der Psychoanalyse nie hätte haben kön-nen. Bekanntlich muss man in der Psychoanalyse eine gewisse Regression eingehen, eine Rückkehr zu Vorstu-fen der seelischen Bereiche, und dies gibt es auch in der Meditation. Doch dort fällt sie viel tiefer und umfangrei-cher aus, was exakt wieder meiner Differenzierung des Psychischen in Erscheinungs- und Wort-Wirkendes ent-spricht und auch die Problematik des oben diskutierten psychisch nicht Repräsentierbaren betrifft. Ins vielleicht doch frühere Stadium des Erscheinungs-Wirkenden gerät man wie geschildert psychoanalytisch nicht so elementar, da man – nochmals betont – dem Wort-Wirkenden, dem Es *Spricht* des *Anderen*, stark verhaftet bleibt. In der *Analytischen Psychokatharsis* findet dieses Es *Spricht* nur im Kulminationspunkt der zweiten Übung statt, wenn zu sogenannten *Pass-Worten* kommt und darin ausgedrückt wird.

Die *Pass-Worte*, zu denen ich sogleich ein Beispiel bringen will, entstehen durch die schon von Freud so ausgedrückte ‚Überdeterminierung' im Unbewussten. Damit sind Überlagerungen, Überlappungen nach linguistischen Mustern im Unbewussten für den Traum typisch. Auch im klassischen Freud'schen Versprecher finden sich derartige Überlagerungen im Buchstabenbereich. So beispielsweise auch in der Geschichte eines Mannes, der mit seiner Bekanntschaft des reichen Baron Rothschilds prahlen wollte, und die einmal Heinrich Heine erzählte. Dieser Mann wollte sagen, dass er mit dem Baron Rothschild wie „familiär" verbunden sei, sagte aber: „ich bin mit ihm so „famillionär". Die Wahrheit also, dass es doch die Millionen sind, die ihn faszinierten, rutschte ihm so aus dem Unbewussten heraus. Und genauso wie im „famillionär" eine Mehrfachbedeutung steckt, nämlich die des Familiären und der Millionen (und somit die Unverblümtheit einer Habgier), so auch in den *Formel-* und den *Pass-Worten*.

Die *Formel-Worte* bestehen ja aus drei oder mehr bildhaften Bedeutungen (Vorstellungen), die wie beim Versprecher kombiniert sind, im *Formel-Wort* jedoch konstruktiv, progressiv. Indem dieses nur eine Formulierung bildet, obwohl ein Mehrfaches an Bedeutungen in dieser Formulierung, in diesem einen Schriftzug des *Formel-Wortes* steckt, weckt es das Unbewusste. Wie ja dargestellt hat dieser Schriftzug mehrere Schnittstellen, und liest oder spricht man ihn von jeweils einer anderen Schnittstelle aus, kommt immer eine andere Vorstellung heraus. Es verhält sich also genauso wie in dem oben genannten Beispiel: man kann familiär, Millionär oder eben „familiär mit den Millionen" heraushören.

fa	mil	i	är	
	mil l i on är			
fa	mil l i on är			

Nebenan: Die Überdeterminierung dreier Bedeutungen entsprechend ihrer klang-bildlichen Struktur unter einander geschrieben.

In diesem Mehrfachen, Überdeterminierten, Sich-Überlappenden von Bildern und Worten, was Lacan auch einen „linguistischen Kristall" nennt, ein Erscheinungs-Wort-Wirkendes, funktioniert auch das *Pass-Wort*. Es ist nichts anderes als diese Kombination der beiden Grundintentionen in eben dieser Form von Schnittstellen, wie wir sie auch aus der modernen Computertechnik kennen, wo eine Schnittstelle den Austausch zwischen zwei oder mehr Systemen ermöglicht. Damit habe ich genug Erklärungen für das Erscheinungs-Wort-Wirkende des *Anderen* und das Wesen des ‚linguistischen Kristalls' gegeben, und will zu anderen Dingen übergehen.

Wie eingangs gesagt, nutze ich die Vermutungs-, bzw. Konjekturalwissenschaft, wie sie Lacan für die Psychoanalyse, aber auch die Mathematiker für ihre Beweise verwenden und wie ich es bereits eingangs erwähnt habe (Seite 9 und Fußnote 6). Lacan übertrug diese Methode auf die Psychoanalyse, die Freud von den Naturwissenschaften abgeleitet hat, von den Trieben, deren Wurzeln er im neurologischen oder hormonellen Bereich vermutete. Dort, in den Naturwissenschaften, gilt, dass der Anfang der Objekte wie Materie und Energie ebenfalls von einer Selbstschöpfung abhängt, nämlich von dem von mir schon erwähnten Urknall und all dessen Folgevorgängen, die man dem Erscheinungs-Wirkenden zurechnen kann.[46]

Nun haben Geisteswissenschaftler versucht Gegenmodelle aufzustellen, aber sie konnten die Vorherrschaft der Naturwissenschaften nicht brechen. Erst Freud und mit ihm auch Lacan haben den Weg gefunden, dass nicht irgendein ominöser Geist, sondern die Sprache selbst – und das heißt die für sie typische Struktur – als einer der Selbstschöpfungsakte zu sehen ist. Ich sage ‚zu sehen‘, denn es geht auch ums Erscheinungs-Wirkende, denn nur beide sind in engster Kombination für diese creatio es nihilo, für diese Erschaffung aus dem Nichts zustän-

---

[46] Dass sich in der Folge Quanten, Moleküle und weitere komplexe Bausteine entwickelt haben, ändert nichts an der Tatsache, dass die alles, schließlich auch das menschliche Gehirn und das Ich (nach Freud: die Projektion einer Oberfläche) dem Erscheinungs-Wirkenden zugehört. Nicht jedoch der/das *Andere*, der Vater-Name, das Wort-Wirkende, wobei minimale Überschneidungen, Kombinationen der Grundintentionen immer bestehen.

dig. Geisteswissenschaftler, wie z. B. auch der renommierte Philosoph J. Habermas wehren sich vehement gegen die so definierten seelischen Prozesse der Psychoanalyse. Habermas meint sogar, Lacan habe die „Aufklärung verdunkelt", sei also mehr oder weniger ins Mittelalter zurückgefallen.

Doch seine Gegner argumentieren, dass Habermas die Existenz des Unbewussten verleugnet, er nimmt sich selbst als Subjekt aus dem Spiel heraus, er will vom Begehren im psychoanalytischen Sinn nichts wissen, er gibt seine Angst nicht her. Er versteht auch nichts davon, dass das so definierte Begehren ein Begehren nach einem anderen Begehrenden ist. Ein Argument gegen Habermas, aber auch gegen die gesamte Philosophie und Soziologie ist die „Absage an jegliche ‚transzendentalen Signifikate' – ein Begriff von Derrida, mit denen sich Gesellschaft und gesellschaftliche Ordnung gründen ließe. Radikal gedacht heißt das: Es gibt keine Gesellschaft, es gibt nur Versuche, eine Gesellschaft im Namen eines solchen Signifikats zu begründen."[47]

Es geht also um ein extrapoliertes, unbewusstes Begehren, das man – wie anfangs gesagt – schon an sich, versteckt im Phantasma in einem Spiel mit dem *Anderen* genießen kann und dort aufspüren muss. Gestützt auf diese psychoanalytischen Fakten gehen die Therapeuten

---

[47] Holtwiesche, N., in Philosovereign.blogspot.com vom 29. 8. 2013

davon aus, dass die Geisteswissenschaftler, indem sie solche Signifikate benutzen (und nicht auf die Signifikanten verweisen), sublime Hysteriker' sind, also hochgeistige Neurotiker, denn sie ziehen ihr Wissen nur aus ihrem eigen Denken heraus, so wie es der Baron Münchhausen getan hat, als er sich an seinem eigenen Schopf aus einem Sumpf zog. Jetzt ist es der Sumpf des Unbewussten und dessen strukturell Sprachliches, Erscheinungs- und Wort-Wirkendes, aus dem nicht nur das Wissen, sondern die dem Wissen zugrunde liegende Wahrheit herauszuziehen wäre. Weniger philosophisch als selbstschöpferisch.

An die ersten zwei, drei Lebensjahre kann man sich bekanntlich nicht erinnern. Auch bei mir wird es sich um genau die Vorgänge gehandelt haben, die ich oben hinsichtlich der frühen Mutter-Kind Begegnung als wohl lustvoll-positiv und auch wieder frustrierend beschrieben habe. Aber ich muss sie im Alter von etwas mehr als einem Jahr aggressiv erlebt haben. Meine Mutter hatte mich wegen eines Leistenbruchs ins Krankenhaus gebracht, wo die Ätzte nicht nur den Leistenbruch operierten, sondern auch – rein zu Übungszwecken – den Blinddarm (Appendix) entfernten. Folge war eine zu lange Narkose (damals noch mit Äther und Chloroform), die bei mir zu einem sogenannten Duchgangs-Syndrom führte: quälende Hilflosigkeit, stuporöse Verwirrtheit, Hin- und Herschlagen von Kopf und Beinen, so dass sich dort zwei große Wunden bildeten, deren Narben ich noch nach fünfzig Jahren sehen konnte. Meine Mutter blieb zwei Nächte bei mir im Krankenhaus und nahm mich am dritten Tag nach Hause.

Es trifft sie keine Schuld, doch es war ein reales durch die zu lange Narkose verursachtes Trauma, an das ich mich natürlich nicht erinnere, es wurde mir alles erzählt. Trotzdem muss ich etwas erlebt haben, dass das positive mütterliche Objekt a nicht nur lustvoll und frustrierend sondern eben auch grausam sein konnte und eine negative Kluft vor einem öffnete, die tief ins Reale hineinging. Irgendwas muss mich aus diesem Konflikt gerettet haben (vielleicht des erwähnte ‚Mutter-Ding‘), denn ich hatte keine schlechte Kindheit und Jugend, habe mich früh mit Sport und Malerei über Wasser gehalten, also in einer Verfassung, die ich als Ich-Ideal bereits erwähnt habe. Sich als das gewollte, und gewünschte Kind vorgestellt haben zu können oder sonst gefördert zu sein, das Ich als ideal gelungen einzustufen, ist wohl für die meisten Menschen das erste große I.

An etwas Starkes, Gutes, glauben, an die Strahlkraft, die Kraft des ‚Es *Strahlt*‘, im Religiösen, in der Kunst, in der Natur, gibt dem Subjekt eine gewisse Höhe und Positivität, mit der man das Alltagsleben so einigermaßen ganz gut meistern kann. Selbst mit dem Beginn des Berufslebens stützt man sich weiter auf den, in dem als imaginäres Dreieck im Schema zwischen dem Subjekt, dem M und dem I eingezeichneten psychischen Komplex des Imaginär-Realen, das also schon Kontakt zum Symbolischen hat. In der Welt sich gegenseitig zugespiegelter Rundum-Bestätigungen lebt man nicht schlecht. Die

Phase der ‚ersten Niederschrift' und noch mehr der zweiten ist noch nicht überwunden oder geregelt, aber es existierten unbewusste Phantasien, virtuelle Gedankengebäude, und deswegen brauchte es — noch *Anderes*. Den unbewusst *Anderen* und seinen Zusammenschluss mit dem ‚Objekt' a, der das Subjekt nicht mehr so deutlich gespalten sein ließe, doch noch genug Spielraum für Verdrängungen bietet.

Dazu – zur Verdrängung im Gegensatz zur Spaltung – passt also das Freud'sche Trauma, das nicht real verletzend wie das von mir in der frühesten Kindheit geschehene reale Trauma ist. Es entsteht nämlich erst nachträglich, wie Freud sagte, nämlich indem der etwa um das dritte, vierte Lebensjahr herum stattgefundene kindliche Blick ins elterliche Schlafzimmer ziemlich verstörend gewirkt hat, aber eben erst später affektvoll erkannt wird, was das damals Gesehene wirklich bedeutet hat. Diese Peinlichkeit ist traumatisch und auch gleichermaßen effektiv, denn nun mischt sich in das Aggressive auch etwas Sexuelles, und diese Mischung fördert die Verdrängung, die aber offensichtlich in der Jugend auch mein Phantasma (unbewusste Phantasie) belebt haben. Jetzt waren andere Vorgänge wirksam geworden, die die Analytiker den Ödipuskomplex nennen, und die ich ja in meiner psychoanalytischen Ausbildung behandeln lassen konnte.

Lacan hat sich viele Jahre mit der Position dieses A oder P (im Schema R) herumgeschlagen. Das Hereinwirken des A oder P – man muss es erst so offen lassen, ich habe es selbst mehr als fraglich als symbolischen oder prinzipiellen Vater bezeichnet – ins frühe psychische Da- und So-Sein ist aber erwiesen. Schließlich vermittelt es auch die Mutter dem Kind, egal ob es den Vater zu Hause gibt oder ob er gar nicht bekannt ist. Ja, der unbekannte Vater ist oft sogar der Wirksamste. Ich habe das bei meinen Patienten häufig erlebt, wenn der Vater nur eine flüchtige Bekanntschaft und – wie es hieß – im Krieg gefallen war, konnte man ihn als Muster einer derartigen Konstellation erleben. Er konnte ein Held gewesen sein oder ein Nichts, auf jeden Fall war er ein bewegendes, die Gedanken stark beschäftigendes, Phänomen der Position A oder P im Schema R., das stark davon abhängig war, wie die Mutter von ihm sprach. Denn darum geht es, um ein Wirkendes auf beiden Ebenen, das wie von woanders her Einfluss hat.

Dieses Wirkende steckte auch in dem „das haben jetzt nicht Sie gesagt". Das hat ‚Es' in mir gesagt, aber ‚Es' nicht mehr nur dem imaginären Dreieck zugehörig, sondern bereits mit einem Schuss von A bzw. P versehen, mit einem Einschlag, einem ‚impact' des Symbolischen, des Wort-Wirkenden. Von da an konnte ich meinem Phantasma nicht mehr so grimmig folgen wie vorher, auch wenn es noch dauerte, es ganz los zu werden. Es ist klar, Phantasien zu haben ist kein Problem, aber sie leidenschaftlich zu genießen ist das Wesen der Neurose, und die kann man sich nicht ewig leisten. Die Neurose schwächt einen, da man mit ihr niemanden beglücken und mit niemanden darüber reden kann, außer mit einem

Therapeuten oder mit dem *Anderen* in sich bei der Meditation. Das sollte jeder wissen.

Auf Grund der oben geschilderten Schwierigkeiten mit dem psychoanalytischen Lehrinstitut beschloss ich also noch während meiner Ausbildung eine Meditationsgruppe zu besuchen, in der ja das Erscheinungs-Wirkende betont wird. Einige Besucher dieser Gruppe erzählten die mir Erfolgversprechendes davon. Und tatsächlich, viel besser und elementarer, unmittelbarer und beeindruckender konnte ich bei der dort erlernten Meditation – ausreichend sublimiert – in mein Unbewusstes ‚schauen‘, wenn ich das einmal so unwissenschaftlich ausdrücken darf. Natürlich wusste ich, dass mein gutes Ergebnis auch mit der in der Psychoanalyse als zentralem Angelpunkt herausgestellten sogenannten ‚positiven Übertragung‘ zu tun hatte.

In der Psychoanalyse ‚überträgt‘ der Patient auf den Therapeuten Bedeutungen aus früheren und anderen Beziehungen, deren Inadäquatheit – weil ja nicht wirklich auf ihn bezogen – dieser nutzen kann, um Deutungen unbewusster Vorgänge beim Patienten anzubringen. Und so schwärmt, so steigert man sich gefühlsmäßig daran hoch, indem man dem Therapeuten – aber jetzt auch dem Meditationslehrer – Wissen oder Fähigkeiten unterstellt, die dieser, genauso wie die – wenn auch überlegene – Mutter dem Kind gegenüber gar nicht in dem Maße oder der Präzision besitzt. Damit erfuhr ich mich in den Meditationen im Laufe der Zeit von einem ungeklärten, wissenschaftlich nicht gesicherten, also eher ideologischen Hintergrund beunruhigt.

Dank des Studium der Lacanschen Seminare kam ich jedoch auf eine Idee, wie ich die – wenn auch eben nicht gänzlich beruhigenden – so doch erstaunlich positiven Ergebnisse der Meditation mit dem wissenschaftlichen Oeuvre der Psychoanalyse in Einklang bringen könnte. In der Meditation wurden nämlich Sanskrit-Worte verwandt, die weder Sinn noch Bedeutung hatten. Man wurde letztlich auf den mystisch-mythischen Hintergrund der Methode verwiesen. Doch andererseits liegt exakt in den Formulierungen ohne Bedeutung das Wesen der Signifikanten, des unbewusst Wort-Wirkenden. Ohne jetzt hier groß auf die Theorie der Signifikanten aus der Linguistik einzugehen, ist klar, dass besonders der stumme, der tote Signifikant, die Null zwischen den zwei ,Ein(s)en', das, was in der Leere zwischen den Zeilen steht, die eklatanteste Wirkung hat. Lässt man mehrere solcher Signifikanten in der Meditation auf sich einwirken, bringt das Unbewusste – und das ist ja der gleiche Mechanismus wie in der Psychoanalyse – eine Antwort heraus. Ich gehe auf diese Dinge noch reichlich ein, vorerst nur noch der Hinweis, wie ich die ja durch keine Wissenschaft zu begründenden Sanskrit-Worte in solche der Lacanschen Psycho-Linguistik verwandeln konnte.

Ich brachte sie in klare Worte, Sprüche, Kurzsätze der lateinischen Sprache, die in einem einzigen Schriftzug die unterschiedlichsten Bedeutungen hatten, sich jedoch so überlappten, dass keine einzelne dieser Bedeutungen – jetzt in der einzigen Formulierung aufgeschrieben – zum Zug kommen konnte (siehe erneut die Abb. des bereits gezeigten *Formel-Wortes* links unten). Leere, tote Signifikanten also, d. h. genau die, die für Lacan die creatio ex nihilo waren, die selbstschöpferischen. Denn liest man diese Formulierung stets von einem anderen Buchstaben aus, kommt zwar immer eine (andere) der genannten Bedeutungen heraus, sieht und meditiert man diese Formulierung aber als Ganzes, kann man sich wie bei den Signifikanten der Sanskritworte, die selbst für Menschen aus dem asiatischen Lebenskreis unklar, aber auch an deren kulturellen Hintergrund gebunden sind, an nichts mehr festhalten.

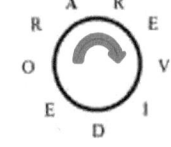

Folgende jeweils von anderen Buchstaben aus im Kreis gelesene und oft etwas illustre Bedeutungen stecken in diesem Formel-Wort:

A re videor	Ich werde vom Es wahrgenommen
Revide ora	Schau wieder hin, sprich!
Evide orar	Erkenne daraus: Ich werde gesprochen
Vide ora re	Schau, sprich, in Wahrheit!
Vi deorare	Mit Kraft voll sprechen
Video rare	Ich nehme ungewöhnlich wahr
Ideo rare V	Deswegen selten Fünf
De orare vi	Vom Sprechen mit Überzeugungskraft
Deo rare vi	Dem Gotte gelegentlich mit Kraft
Eo rare vid(E)	Dorthin schau selten!
Arevi deo R.	Ich bin verbrannt durch den Gott R

‚Es', das Subjekt hält sich fest oder wird fest gehalten durch diese nunmehr wissenschaftliche Stütze der *Formel-Worte*. In früheren psychoanalytischen Arbeiten hat man immer lesen können, wie schlecht die Fixierung ans ‚Objekt' ist, aber grundsätzlich ist Fixierung nichts Negatives. Die Fixierung ans Ich-Ideal beinhaltet zwar nicht den letzten Höhepunkt, das Ziel, die Wahrheit, aber wie gesagt lebt man damit nicht allzu schlecht. Man sollte freilich weiter gehen, weshalb ich all diese Bücher über die *Analytische Psychokatharsis* mit im Grunde genommen und in Klammern gesagt unwichtigen Essays bestücke. Klar, es ist viel Stuss dabei, doch muss ich es schreiben, um so ein bisschen dahin zu führen, dass es ein psychoanalytisch-meditatives Verfahren braucht, das eigentlich – wie im Anhang zu sehen – mit ein paar Seiten erklärt ist. Nur – anders, ohne theoretisches Beiwerk aus allen möglichen kulturellen oder wissenschaftlichen Bereichen, würde mir keiner glauben.

Ich besitze allerdings noch das Pragmatische des „Wer heilt, hat recht". Denn die meisten der Probanden, die mit den Übungen (insbesondere der ersten) der *Analytischen Psychokatharsis* begonnen haben, bemerken sehr schnell seine befreiende, lösende, beglückende Wirkung. Doch muss ich zugeben, dass es sich dabei meist nur um eine sogenannte Übertragungsheilung handelt, die es auch in der Psychoanalyse gibt. Allein wenn es dem Patienten gelingt, sich auf der Couch zu entspannen und sich dem Gespräch hinzugeben, kommt es, wenn die Abstände der therapeutischen Stunden nicht zu groß sind, zu einer Verbesserung der Symptome. Doch reißt der Beziehungsfaden zum Therapeuten, ist es mit der Heilung schnell zu Ende. Und so wirkt auch die *Analytische Psychokatharsis* auf Dauer nur durch die Mithereinnahme der zweiten Übung und der *Pass-Worte*.

Ohnehin steht dem Glauben und dem auch rationalen Überzeugt sein der klassische (psychoanalytische) Widerstand gegenüber. Die Analyse des Widerstandes gegen die Aufdeckung des Verdrängten und die damit verbundene Enthüllung der Wahrheit stellt oft die Hauptarbeit im psychoanalytischen Vorgehen dar. Und natürlich gibt es ihn auch in der *Analytischen Psychokatharsis*. Hier richtet er sich meistens gegen die ja zum Teil seltsamen *Formel-Worte*. Einer meiner Probanden eröffnete mir, er höre bei dem gerade vorhin gezeigten *Formel-Wort* – wenn man beim V zu lesen beginnt, also V I D E O R A R E heraushebt, immer ein ‚Wieder so Rares‘ oder gar ‚Wieder kein Bares‘. Klingt ja ganz witzig, ist aber klassischer Widerstand, denn er wollte ja die Hilfe der Methode nutzen, aber sich nicht ganz darauf einlassen.

Man muss sich somit der Selbstschöpfung aussetzen und meditieren oder analytisch vorgehen, bis nunmehr das selbstschöpferische Unbewusste – auf diese Weise provoziert – eine Antwort herausgibt, die in der Meditation wie ein Gedanke hörbar wird. Ich möchte es am liebsten ausrufen, dass die Menschen mit dem Verfahren der *Analytischen Psychokatharsis* viel weiter kämen, als durch Glauben an erstarrt Religiöses, abstrakt abgehoben

Philosophisches, aber auch herkömmlich Psychoanalytisches, das sich im ich-idealisierten Kreis dreht. So schreibt z. B. der Psychoanalytiker C. Maier eindrucksvoll und empathisch über die nicht seltenen quälenden Schuldgefühle und Versagensängste auch bei den Therapeuten, und wie man diese durch Supervision und Lehranalyse wieder zum Vertrauen in „das von der analytischen Beziehung getragenen, positiv autonome Wirken des therapeutischen Prozesses" bringen kann. Kurz, wie man wieder Liebe zu Freud entwickelt.[48]

Ich bin kein Guru und auch kein Freud, ich stütze mich auf die Liebe zu sich als einem selbst, zum eigenen Unbewussten, wie es auch schon die frühe Psychoanalytikerin M. Mitscherlich beschwor, als sie das Buch schrieb: ‚Eine Liebe zu sich selbst, die glücklich macht' (Fischer, 2014). Gewiss ging es ihr hauptsächlich um ihre Arbeit, aber eben auch zu sich als jemanden, der eine gute Verbindung des Erscheinungs- und Wort-Wirkenden erreicht hat. Vielleicht könnte man besser noch von einer Liebe zu sich als *Anderem* reden und damit Lacans Perspektive näher kommen, weil diese Liebe zu sich selbst keine banale Eigenliebe und kein krankhafter Narzissmus ist.

Lacan war gewiss einer der brillantesten Psychoanalytiker, zuständig auch für Philosophie, Linguistik, Religion und Mathematik, deren Wesen er durchschaute und an

---

[48] Maier, C., Destruktive Selbstkritik bei Psychoanalytikern, PSYCHE 2 (2023)

Hand der Grundlagen des Unbewussten neu interpretieren konnte. Doch seine Zuhörer verstanden von seinen Vorträgen fast nichts. Lacan ermunterte sie häufig, doch einmal eine Frage zu stellen, aber das passierte natürlich nie, denn wenn man nichts verstanden hat, weiß man auch nicht, wie man eine Frage genau formulieren müsste. Meist nur hintenherum erfuhr Lacan, dass seine Schüler seinen Ausführungen nicht folgen konnten und griff dann die entsprechende Thematik in anderer Form nochmals auf, was ebenfalls meist wieder auf taube Ohren stieß.

Lacan deswegen überhöhte Intellektualität vorzuwerfen, gilt freilich nicht. Warum sollte man dem Intellekt Grenzen zuweisen? Freilich verhält es sich so, dass die Lehre Lacans nur von wenigen Psychoanalytikern, nur von Gebildeten mit speziellem Interesse an Psychoanalyse, von manchen Linguisten, Philosophen oder Theologen, genutzt wird. Schüler und Anhänger Lacans verstärken und verlängern allerdings noch mit umfangreichen Kommentaren dessen Lehre. Aber sich in die Sekundärliteratur über Lacan zu vertiefen führt dazu, aus dem Nachdenken, Überlegen und Rationalisieren nicht mehr herauszukommen. Da ist es besser, Lacan im Original zu lesen. Wenn man dazu natürlich noch wie ich sich zudem mit Meditation beschäftigt, wird es nicht leichter irgendeine absolut erschöpfende Klarheit zu kommen. Aber ich konnte klare Parallelen in der Lacanschen Psychoanalyse und der von mir erlernten Meditation erkennen.

Ich habe den Großteil von Lacans Seminaren zweimal, einige auch dreimal durchgelesen, allein auch dabei konnte ich beispielsweise vom siebten Vortrag (fünfzehn Seiten) des Ethik-Seminars nichts begreifen. Lacan will darin hauptsächlich etwas zur Sublimierung (Verfeinerung, Vergeistigung) sagen, kommt aber vom Hundertsten zum Tausendsten, von der Moral zur Religion, zum Trieb, zur Libido, zum Körper, zu Luther und am Schluss zum ,Objekt' a, was dann das einzige ist, das ich verstanden habe: „Das Objekt wird von Freud eingeführt als eines, das auf ewig mit die Liebe verstauschbar ist, die das Subjekt für sein eigenes Bild empfindet."[49] Klein a wird also für i', für das Narzisstische genommen und umgekehrt. Es gibt Libido-Empfindungen fürs eigene Ich (i) und fürs (anfänglich eben mütterliche) Objekt (a), beide sind von Täuschungen und Idealbildungen durchsetzt, von a' und von dem schon erwähnten Ideal-Ich bis zum Ich-Ideal (I).

Letzteres, „dieses Ideal erobert sein Feld ganz allein, es gibt im Innern des Subjekts einem Etwas Form, das eine Vorrangstellung einnimmt und dem es sich fortan unterwirft. Das Problem der Identifizierung [sich mit etwas identisch sehen] ist mit dieser psychologischen Verdopplung verbunden, die das Subjekt in Bezug auf ein eben idealisiertes, gesteigertes Bild seiner selbst in Abhängigkeit versetzt."[49] Und jetzt, nach dieser Aussage, kommt Lacan endlich wieder zurück zum Begriff der Sublimie-

---

[49] Lacan, J., Die Ethik der Psychoanalyse, Quadriga (1996) S. 121 - 123

rung. Denn wenn das Begehren, die treibende Trieb-Kraft der Lüste, die Ursache von allem ist, würden sich die Menschen noch wilder benehmen als die Tiere. Der Mensch muss sein Begehren also sublimieren, und er tut dies durch Arbeit, soziale Kontakte, Kunst, Wissenschaft, Sport, Meditation, etc.

Aber: „Freud macht eine Art *flash*", so Lacan weiter, „durchaus im Stil eines Essays, über die Differenz, die uns festmacht zwischen dem Liebesleben der Alten (es geht um die Vorchristen) und dem unseren. Sie besteht darin, sagt er, dass – wie ich bereits zitierte – die Alten den Trieb betont haben, während wir dessen Objekt betonen. . . . .Woher weiß Freud, dass wir die Betonung auf das Objekt legen, während die Alten den Trieb betonten? Sie werden sagen, dass es im Unterschied zu unseren Tragödien in keiner antiken Tragödie ideale Überhöhung gibt."[8] Die Alten haben anders, ernsthafter, natürlicher, im ‚pastoralen Echo' – wie Freud sagt – sublimiert, als wir dies heute tun. Aber Sublimierung, Vergeistigung wie in der Meditation ist notwendig.

Es verhält sich so, führt Lacan letztlich in diesem Absatz aus, dass zwischen dem narzisstisch aufgebauten Objekt a' und dem ‚Ding', das ich jetzt einmal in meiner Sprache als etwas ‚außer-sich-seiendes' Seelisches mitten im Subjekt selbst definieren möchte (es wird später noch weitere Definitionen geben), das Wesen der Sublimierung zu verstehen ist, samt den Problemen, die es hier freilich auch wieder gibt. Niemand kann verstehen, dass es auch eine Selbst-Sublimation, Selbst-Verfeinerung gibt, die sich also nicht über die genannten Objekte wie Arbeit, Kunst, etc. noch oben schwingt, und auch im natürlichen Liebesleben gipfelt, denn „die Liebe ist Sublimierung des Begehrens."[50] Sondern die auch im namen-, ort- und bezugslosen Meditieren eine wichtige Rolle spielt. Man muss es selbst probieren, aber ich stelle einmal so hin, weil es üblicherweise keine solch wissenschaftliche Stütze dieser Selbstsublimierung wie in der *Analytischen Psychokatharsis* gibt.

Wir bekannt und schon oben angedeutet halten sich die meisten Formen der Meditation an Glaubensbekenntnissen religiöser oder esoterischer Natur fest oder benutzen Sanskrit oder andere mythische Namen. In der *Analytischen Psychokatharsis* werden nun die bereits an einem Beispiel gezeigten *Formel-Worte* verwendet, die wie tote Signifikanten, wie ködernde Buchstaben, wie eine Sprache ohne Worte, wie die des *Anderen* (A), wirken. Da gesichert ist, wie sie aufgebaut sind, nämlich durch die erwähnte Überdeterminierung (ein Freud'scher Begriff für die Zeichen im Traum, die sich aus überkreuzenden Zeichen erstellen), durch Überlappungen, Verschachtelungen mehrerer Bedeutungen, so dass nicht aus Mangel an Worten, sondern aus sich überschneidenden Worten kein Sinn entsteht. Kein buddhistischer, esoterischer oder sonst wie vorgefasster Sinn, der einen ja nur auf das schon Bewusste und Gewusste fixiert, liegt vor, allein die Konfrontation mit dem Nicht-Sinn ruft das Unbe-

---

[50] Lacan, J., Seminar X, Turia & Kant (2006) S.

wusste auf, eben s e i n e n Sinn, den verdrängten oder abgespaltenen Sinn herauszugeben.

Nur damit kann man den reinen Spiegelungs- oder Echo-Phänomenen entgehen. So ist das i(a) das Spiegelbild des anderen und a das darin wirkende Objekt des Begehrens, das sich aus all den Spiegelungen ergeben hat. Kein Mensch kann sich daran erinnern, wie wohl der erste Kontakt zur Mutter und deren Brust (als Objekt a) zum Zweck des gestillt Werdens sich angefühlt oder ausgesehen haben mag. Stillen hat im Althochdeutschen die Bedeutung von still machen, beruhigen, besänftigen gehabt, und das gilt eben auch für das Begehren, heute wie damals. Beruhigt werden soll das Begehren nach der Berührung, dem Kitzel, der Mund Zone, der Assimilierungslust, was die Psychoanalytiker den Oraltrieb nennen.

Anders gesagt: Das Kind bzw. der Säugling erlebt erste Beziehungsaspekte zur Wärme, Bewegung und Emotionen der Mutter als reine reflektive Berührungserfahrungen, die dem Erscheinungs-Wirkenden zugehören. Es besteht nur eine komplexe, primär-primitive Verflechtung zwischen dem spiegelnden Bildhaften und dem Realen, was Lacan damit ausdrückt, dass er sagt: „Der [bildliche] Reflex der Einheit des Körpers [beim Kind] ist eine reale Illusion," in der der primäre Narzissmus oder die Berührungsreflexion steckt. Das Kind hat noch keine stützenden Symbole aus dem Bereich des Wort-Wirkenden zur Hand, obwohl dies ebenso schon ganz früh etabliert ist. Vereinfacht und auf Lacan bezogen lässt sich Folgendes sagen:

Im Erscheinungs-Wirkenden wandert der Spiegelblick des Kindes hin und her, und bietet so zwar kein gesichertes Ich, sondern nur ein Ideal-Ich, das aber als reale Illusion einen vorübergehender seelischen Halt erzeugen kann, der immerhin so weit gehen kann, dass er im ‚Ding‘, im ‚Mutter-Ding‘ einen annähernden Wort-Wert erreicht, wie ich es bereits beim ‚Ikonischen‘ angedeutet habe und es bei Lacan den Beginn eines Ich-Ideals ausmachen kann (so steht das I des Ichideals noch in der linken Ecke unten, sozusagen gegenüber dem M der Mutter, so dass ich die Linie I – M das Ikonische nenne). Diesem Ikonischen steht der psychoanalytische, wortwirkende Signifikant gegenüber, Φ, Symbol des Begehrens, an dem man sich abarbeiten muss: was übernehme ich bewusst als das mir zugehörige Begehren, was trenne ich von mir ab, obwohl es Begehren ist, also hartnäckige Strebung, indem es beispielsweise durch die *Pass-Worte* beim Üben der *Analytischen Psychokatharsis* relativiert werden kann. Um mich nicht weiter so umständlich ausdrücken zu müssen jetzt eine einfachere Darstellung der Beziehung von a und A.

4. Der Sündenfall

Der apodiktische Spruch „Es werde Licht" war wohl schon ein paar tausend Jahre alt, bevor er ca. im neunten Jahrhundert a. C. niedergeschrieben wurde. Von den ersten Menschen, denen mit dem ‚voraus eilenden Gehirn', dem homo erectus oder homo habilis wusste er natürlich nichts, und so sind Adam und Eva mehr oder weniger Kunstfiguren, doch passen sie gut in die Legenden der Paläoanthropologen. Denn Adam und Eva haben noch etwas vom frühen homo an sich, aber sie waren auch wild fabulierende Menschen in der beginnenden Hochkultur Palästinas. Auch sie haben wohl mehr das Begehren, den Trieb betont und sich nicht so stark ans Objekt geheftet, sie befanden sich noch in dem Primärzustand des ‚corps jouissante', des körperhaften, rein imaginär-realen Genießens. Sie glaubten noch an den vollkommenen *Anderen*, also an A ohne Querstrich, und das war vielleicht ihr Fehler.[51] Das heißt jedoch auch, sie haben zwischen A und a nicht so genau unterschieden.

Sie glaubten noch an die potente, universell raunende Natur, das Lispeln der Blätter, an die Gesänge der Vögel, an das Flüstern des Regens, die alle vom ungehemmten Liebesleben erzählten. Jedenfalls wird von einem derartigen Animismus der Frühmenschen berichtet, modern ausgedrückt: Sie waren ins betont Erscheinungs-Wirken-

---

[51] Ich erinnere nochmals an die Schreibung des unbewusst *Anderen* quer durchgestrichen, also A̸, weil er nicht die volle Wahrheit garantieren kann.

de und noch wenig gereifte Wort-Wirkende verwickelt. A war in Adam und Eva vorwiegend gegenseitiges Erscheinungs-Wirkendes, das sie phantasmatisch so hoch stilisiert hatten, dass sie nur minimale menschliche, verbale Verlautungen brauchten. Aber nun spricht plötzlich jemand so apodiktisch, so herrisch-herrscherlich dominant, und das waren Adam und Eva nicht gewohnt. „Wo bist du, Adam"! klang es diktatorisch von irgendwoher, was beide erheblich verunsicherte, wurden damit doch ihre noch unverfrorenen Phantasmen von dieser Stimme zu dezidierten ‚Mehrlüsten', a, (z. B. blicklich, phallisch) umgedeutet. Das Phantasma, das nun in libidinöser Form stringent zu $ ♦ a geworden ist,[52] kann unglaublich hartnäckig sein, das beweisen speziell die neurotischen Patienten von heute in der Psychoanalyse, wo sie hunderte von Stunden jeden Blödsinn, der ihnen einfällt, aussprechen müssen, bis sie zum dem Blödsinn kommen, an dem sie leiden. Doch Adam und Eva litten nicht an ihren Phantasmen.

Wegen des märchenhaften Charakters dieser zwei Figuren wurde in der Bibel das Symbol, der Signifikant, das Wort-Wirkende Φ, dort wohl bereits fehlgedeutet oder verdrängt. Adam und Eva hatten es schon verpatzt, als sie erkannten, dass sie nackt waren. Was hatten sie denn vorher gesehen? Eben nichts, sie waren ja auch vorher schon schamlos nackt gewesen, wie es ausdrücklich

---

[52] Die Formel $ ♦ a bedeutet in Lacans Mathematik: Bezug des gespaltenen Subjekts zur ‚Mehrlust' als der Begehrens-Form des klein zu schreibenden Spiegelobjekts a.

heißt.[53] Sie hatten noch den selbstschöpferischen Ver-
schmelzungsblick, und deswegen haben sie, als G, o,
doppelt t, diese Stimme aus dem Off, sie zur Rede stellte,
angefangen irgendwelche Ausreden zu produzieren.[54] Sie
begannen – schuldkomplexhaft, selbstbeschuldigend –
irgendwas in melodischsten Tönen daher zu faseln.

In ihrer Sprache – ich verbinde jetzt wechselweise Bibel
und Paläoanthropologie) konnten sie nämlich keine Ver-
schluss- und Knacklaute oder komplexe Frikative bilden,
aber Vibrationslaute, Plosive und einfache und bestimmte Vokale, evtl. auch einzelne Konsonanten (Klosanten)
auszudrücken war ihnen möglich. Zudem – oder in Verbindung damit – liebten sie es nur vereinzelt von der
Situation unabhängige Symbole zu artikulieren und damit etliches sagen, aber sie taten dies tonhaft, singartig,
mit mehr Atemtechnik, mit Luft Hervorstoßungen und
mit wenig Kehlkopfbelastung. Zwischen dem Aussto-
ßungs-, Explosionslaut pa und dem Implosionslaut ap
beispielsweise wechselten sie nicht vollkommen unab-
hängig von der Atmung. Aber sie legten alles in ihr
'Wort', sie lauteten mit Haut und Haaren aus sich hervor
und platzten diretissimo aus sich heraus.

G, o, und doppelt tt (was immer diese vier Buchstaben
bedeuten sollen) geht in der Manier des Herrendiskurses
vor, er nutzt den Herrensignifikanten mit seinem Gebots-

---

[53] Genesis, 2; 25
[54] Ich schreibe Gott so, um die Signifikanten Struktur, also
den Begriff nur als Buchstaben-Wirkendes herauszustellen.

und Befehlscharakter und betreibt so keine Therapie mit Adam und Eva, seinen Patienten.[55] Vielmehr behandelt er sie von der Position des Über-Ichs, der Pflicht- und Verurteilungs-Ichs aus (was ein Psychoanalytiker moderner Art sich so niemals leisten dürfte). Wenn dieses primäre Φ, das so etwas wie der Gott der Psychoanalytiker ist (Freud sagt das ‚Primat' des unbewussten Begehrens), behutsam ins Spiel gebracht würde, könnte man damit das biblische Ehepaar vielleicht ein bisschen besser verstehen und erklären. Aber Gott verpflanzte Adam von vornherein in den Garten Eden, was traumatisch war. Eden, etymologisch aus dem Akkadischen edinu und dem sumerisch eden = Ebene, Wüste, stammend, war wohl ein steriler, trockener Kunstgarten, werbemethodisch zum Paradies aufgeblasen.

Trotz des wohl trostlosen Charakters des angeblichen Paradieses waren Adam und Eva also vom Bild-Blick-Erscheinungs-Wirkenden, vom Ikonischen, her erfüllt, sie steckten noch in den ersten Zuckungen des Selbstschöpferischen, das ich ja als den eigentlichen Anfang der biblischen Geschichte bezeichnen möchte.[56] Kein ‚Es werde Licht', sondern luzide Blicke und das autochthone Kör-

---

[55] Den Herrendiskurs hat am besten Robinson demonstriert, als er zu dem fremden Indianer sagte: ‚Ich Herr – du Freitag!' Der Herr setzt sich selbst als erster Signifikant und beherrscht dadurch apodiktisch den Diskurs, also die Art zu reden.
[56] Genesis 2; 25, wo es heißt, dass Adam und Eva sich gar nicht schämen konnten, auch darin liegt etwas Selbstschöpferisches, etwas, das auch die mit der Scham verbundene Schuldhaftigkeit ausschließt, weil noch nicht erschaffen.

pergenießen erhellten die Landschaft. Die beiden ersten Menschen genossen ihre noch verschmelzenden, weniger ,mehrlüsternen' als ,visionären' Blicke, und so hatten sie keine Ahnung davon, dass sie sich dadurch einer unguten Spaltung aussetzen konnten, denn ein Trauma (Versetzung ins sogenannte Paradies) hat es ja gegeben. Aber ihnen die positive Paradies-Version und das einseitig Wort-Wirkende, den Herrensignifikanten, als Stütze des biblischen Diskurses aufzuzwingen, war unfair und unlogisch (auch die Patienten voll an das Phantasma und das Trauma heran zu bringen, ist ungelöst).[57] Und deswegen – erneut gesagt – will ich das Erscheinungs-Wirkende, die unbewusste Textur, zum Ausgangspunkt machen, indem ich das Ikonische daran heraushebe, um so die Geschichte des Alten Testaments ganz anders erzählen und so auch die Psychoanalyse und die *Analytische Psychokatharsis* bereichern zu können.

Den Begriff des Ikons hat der Philosoph C. S. Pierce eingehführt. Das Ikon ist für ihn ein bezeichnendes Zeichen, wenn es auch nicht so definitiv und logisch verwendet werden kann wie die fertigen Sprachzeichen, die verbalen Signifikanten. Aber es kann umso eindrucksvoller als Ausgangspunkt dargestellt werden und so auch in

---

[57] Hinter dem Trauma verbirgt sich mehr das Verletzende, was Freud auch die Urverdrängung nannte, eine erste, Trauma nahe Verdrängung bzw. psychische Spaltung, wie sie psychoanalytisch zu eruieren kaum erreicht wird. Etwas anderes ist wie berichtet das aus der ,Urszene' (Blick ins elterliche Schlafzimmer) stammende, nachträglich wirkende Trauma.

der *Analytischen Psychokatharsis* verwendet werden, während Psychoanalytiker es eher als Hindernis bezeichnen würde. Lacan meint, es verbleibt im Spiegelungssystem, aus dessen Oszillieren man nicht endgültig zur Reife und gelungenen Ganzheit kommt. Die Spiegelungs-Zwei muss zur sprachlichen Drei werden (realisiert im durchgestandenen Ödipus. Doch genau dies passiert auch im Schlussmoment der *Analytischen Psychokatharsis*, wenn die *Formel-Worte* durch sogenannte *Pass-Worte* ergänzt werden, und so als Drittes zur Einheit verschmelzen können.

Das mit der Zwei und Drei lässt sich in den früheren Narrativen, auch speziell dem des Alten Testaments gut darstellen. Von Gott wurde der Baum des Lebens intendiert, heißt es. Er war ja der Schöpfer, der das Leben auf der Erde geschaffen hat. Doch er hat sich – unfairer Weise – auch das Erkennende angeeignet, den Baum der Erkenntnis, um zu zeigen, dass nur er das Wissen hat. Wie soll das zusammengehen, Schöpfer und zugleich auch wieder Erkennender dieser Schöpfung zu sein? Der Trick war der gleiche, wie ihn Lacan benutzt, wenn er klein a und groß A sich gegenseitig überschatten, in den zwei Einsen herumdrehen lässt, was so auch im Alten Testament allegorisch durchaus nett gemacht – in Form von zwei Bäumen mitten im Paradies und G, o, tt als der erfüllten Drei – von statten geht.

Der Baum des Lebens an der einen Seite wurde also überschattet vom Baum der Erkenntnis an der anderen Seite, indem dieser schon vorher vorhanden war, wie es

Lacan doch selber mit den *Kraftlinien,* dem Erschein-
ungs-Wirkenden, als der ersten Klassifizierung und der
Zählbarkeit der Dinge, betonte. Es fand dieses Hin und
Her eines ersten ‚Es Zählt' (Erzählt) statt, weil man die
Positionen auch (wie in der Mathematik vor und hinter
dem Gleichheits-Zeichen) umkehren konnte. Das
Gleicheitszeichen verhält sich wie eine Schnitstelle (z. B.
zwischen a und **A**). Jede Exis-tenz ist nur vor dem
Hintergrund einer Nicht-Existenz, der Big Bang am
Anfang des Universums nur vor dem Hintergrund des
Big Crash zu denken, und so eben der eine Baum nur vor
dem Hintergrund des anderen Baumes. Das ist das
Grundgesetz der Spiegelungs-situation, die im Alten
Testatemnt aber so tut, als sei sie schon fertiges Vater-
Gesetz und definitiv bestätigte Erkenntnis.

Ich habe schon erwähnt, dass es so auch bei Lacan
ständig zugeht: das eine ‚Ein' muss an der Schnittstelle
herumgedreht werden, damit das andere ‚Ein' nicht das
gleiche ist, aber doch ‚Ein' bleibt (das ‚Ein' ◆ ‚Ein' also
in die zweite, die symbolische Potenz erhöht). All dies
liegt wahrscheinlich daran, dass der Psychoanalytiker
selbst eine herumgedrehte Person ist, er darf nicht
Persönliches, nichts von sich, kein eigenes Begehren ins
therapeutische Gespräch einbringen. Er darf nichts bean-
spruchen, darf auch den Patienten nicht heilen wollen,
ihm nichts raten und keinen Tipp geben. Wie es heißt,
muss die Psychoanalyse in dieser Art der Versagung
durchgeführt werden, der Patient bekommt also nichts.
Dadurch wird auch beim Patienten etwas herumgedreht.
Während sich bei den klassischen Neurosen die Psycho-

analyse definitiv bewährt, wird es mit ihr bei Somatisie-
rungsstörungen, bei Persönlichkeitsstörungen, bei Pri-
mär-, Grundstörungen (bei Adam und Eva die noch früh-
reife Grundlage) noch schwieriger therapeutisch wirksam
zu sein.

Die Psychoanalytiker müssen sozusagen ihre Theorie um
zwei Seiten herum, um die Schnittstelle herum verbiegen,
um aus dem Raunen, dem Text von Φ, eine taffe Aussage
zu machen, indem es sich verbindet mit dem Erscheinungs-Wirkenden, der Textur, die aus dem Hinten-
Herum des unglücklichen Mutter-Kind Duos heraus- und
nachwirkt, bezüglich dessen ich lediglich den Anfang des
Ikonischen, des autochthonen Genießens sehe. Ich sehe in
dem Ikonischen, wenn man es sinnvoll nutzt, und das
dann nicht nur ein Verschmelzungs-Phantasma ist, eine
Möglichkeit zur ‚Mehrsicht‘ (so problematisch dieser
Ausdruck vorerst auch sein mag), und nenne das Ikonische zur Vereinfachung jetzt Ψ.[58]

Denn ich will die beiden, Φ und Ψ, auseinander halten,
während sie bei Adam und Eva noch gut, voll, wenn auch
unreif kombiniert waren, und erst in so etwas wie der
Praxis der *Analytischen Psychokatharsis* zusammengeführt werden können. Solch eine Zusammenführung ist
das Ziel aller Bestrebungen. Freud wollte Bewusstes und

---

[58] Es ist problematisch, weil das Erscheinungs-Wirkende dem
Sein nahesteht, und so ohnehin schon mit dem Überfluss
seiner Bilder, Blicke und Phantasmen droht; warum noch
‚Mehrsicht‘? Ich werde aber eine Lösung anbieten, die den
Namen rechtfertigt.

Unbewusstes zusammenführen (da wo Es war, unbewusst, sollte bewusstes Ich werden). Ich will das Wort- und das Erscheinungs-Wirkende zusammenführen, um eine ‚Mehrsicht' zustande zu bringen, was nur in der Praxis des Einzelnen gelingt.

Im Narrativ der Bibel hat Gott, das Es des ‚Himmels' und der Herrlichkeit, selbst schon seine Hand im Spiel nicht nur der ‚Mehrsicht', sondern geradezu eines ‚Mehrseins' gehabt, er befand sich an beiden Seiten der Schnittstelle zugleich. Er hatte alles schon zusammengeführt, noch bevor es da war. Und zudem hat er nur geredet und geredet, hat dem Wort-Wirkenden den absoluten Vorrang gegeben, ja es sogar erfunden und behauptet, es sei ein Gebot.[59] Wie der Psychoanalytiker heute, hat auch er das Erscheinungs-Wirkende, das Ikonische, nicht so genutzt, nicht gleichwertig neben das Wort-Wirkende gestellt. Er verwendet nur den Herrendiskurs, Lacans Signifikant$_1$, der wie gesagt Befehlscharakter hat und in dem man den kräftigen Tonfall der eigenen Stimme genießt, die Sprechlust. Aber man hat nichts im Blick.

Dies hatte jedoch das erste Menschenpaar, es hatte alles im Blick, es fehlte ihm lediglich noch ein klein bisschen vom Lexikalischen, von der Ordnung der Buchstaben, der

---

[59] Nichts reizt mehr als ein Gebot oder Verbot zur Übertretung. Früher hat man Impotente oft damit behandelt, dass man ihnen gesagt hat, sie dürften drei Wochen keinen Sex mehr heben. Prompt haben sie es nach zehn Tagen nicht mehr ausgehalten, prompt hat es funktioniert. So setzt sich auch Gott mit Hilfe des Übertretungskonstrukts in Szene.

Vokabeln, um davon auch dezidiert zu sprechen. Im Sinne der Schnittstelle, des Zwei-Seiten Problems war der symbolische Signifikant – wie Lacan des Öfteren bemerkt und ich schon erwähnt habe – eine gelöschte Spur, die aber besonders wirksam ist. Denn selbst wenn die Spur nicht mehr da ist, ist trotz der enormen Anstrengung die letzten Phoneme gelöscht zu haben, irgendwo noch etwas davon gespeichert, wie man aus der Kriminologie verwischter Blutspuren und den ausradierten Festplatten im Computer bestens weiß. Es geht also wieder um die Überschattung, Vertuschung der einen Seite durch die andere, der Textur durch den Text und umgekehrt. Man kann dies auch gut an dem Verhalten der Spuren in der Liebe sehen. Es genügt dort nicht, eine Spur zu legen, die vortäuscht, hier sei der wahrhaft Liebende vorbeigegangen, während er vielleicht gar nicht kam.

Nein, er muss vortäuschen vorzutäuschen, so dass die Geliebte die richtige Spur für die falsche hält, während der wahrhaft Liebende auf der richtigen Spur schon unbemerkt vorbei gegangen ist. Es muss eine zweifache Täuschung geben, eine Täuschung im Quadrat, eine um die zwei Seiten herum, wie sonst sollte die wahre Liebe des Menschen zum Ausdruck kommen? „Auch das Tier legt Spuren und verwischt sie, es täuscht also, aber es kann nicht vortäuschen, dass es vortäuscht. Es legt keine falschen Spuren, um uns glauben zu machen, sie seien falsch. Es legt keine falschen falschen Spuren – was ein, ich würde nicht sagen: grundlegend menschliches, sondern gerade grundlegend signifikantes Verhalten ist. Genau da ist die Grenze".[60]

Diese doppelte Löschung, Täuschung, Überschattung, findet sich also auch in dem Geschehen bei Adam und Eva und ihrem Sündenfall. Zuerst einmal schämten sie sich nicht ihrer Nacktheit, indem doch Scham und Nacktheit schon vorgefasste Begriffe aus der theokratischen Trickkiste waren. Sodann ist, wie schon erwähnt, in Wirklichkeit nichts lustvoller als die Übertretung eines Verbots, und so hätten sie eigentlich wegen der Missachtung eines Verbots Schuldgefühle haben müssen, Aber sie wissen nicht so genau, was sie gemacht haben, als ihnen plötzlich verwirrender Weise statt Schuldangst die Schamröte ins Gesicht stieg.[61] Sie haben sich dann Blätter umgehängt, als handle es sich um einen misslungenen Faschingsscherz, aber Gott stattet sie später mit vollbekleidenden Fellen aus, die perfekte Burka, erneut der hilflose Versuch einer totalen Löschung der Spur.

Dabei waren Adam und Eva doch nur zu zweit! Es ist einzusehen, dass in einer großen Familie, in einem Dorf oder der ganzen Gesellschaft nicht alle nackt herumlau-

---

[60] Lacan, J., L´angoisse, Seminaire Nr. X, Vortrag vom 12. 12. 63., Übersetzung G. Schmitz, S. 70-71

[61] Es heißt in Genesis 3; 7, dass ihnen die Augen aufgetan wurden, und erst da hätten sie gesehen, dass sie nackt waren und eröten müssten. Nun kann es ja wie schon gesagt die Nacktheit allein nicht gewesen sein, es muss Schamlosigkeit, vielleicht gar Perversion zum Vorwurf gemacht worden sein, aber wären das nicht auch wieder göttliche Projektionen?.

fen können und sich dann alle so steril benehmen müssen wie in einem FKK Club, wo eine besonders perverse Schamangst besteht. Aber zu zweit allein auf der ganzen Welt! Wo liegt da das Problem? Sollte es um einen Sexualdelikt, eine Neigung zu lustvoller Exaltation oder gar Perversion gehandelt haben, also etwas, was die beiden nicht kannten oder nicht ernst genommen haben? Oder was könnte es sonst noch sein? Nur vom Baum der Erkenntnis zu essen, kann doch nicht so schlimm sein. Wie bei Kant und Lacan bleibt der Anfang im Alten Testament eine Nebelwand, ein vertuschender Trick oder ein Stottern.

Ganz vereinfacht kann man immer sagen, dass die Sünde stets nur vor dem Hintergrund schamloser Reden zu Tage tritt, des klassischen Repertoires von Φ, man dabei aber schuldlos bleibt. Vergleichbar passiert das Leben immer vor dem Hintergrund des Todes, auch wenn man es nicht merkt, und man sich daher beim Sterben nicht schämen muss.[62] Und so existiert auch Gott immer vor dem Hintergrund eines bösen oder schlangengleichen Wesens. Ich will das Wort Teufel gar nicht aussprechen, weil es so albern ist. Er ist Φ, er ist Priapos, das paradigmatische Primat der Psychoanalyse, ganz klar, aber nur, weil man es nicht weiß, und der göttliche Typ auch von Ψ keine Ahnung hat. Auch Gott und Teufel spielen mit den zwei Seiten, besonders gut zu sehen an Hiob.

---

[62] Wie, in welcher Weise man stirbt, zeigt etwas von der eigenen Schuld, wie ich als Arzt oft feststellen konnte.

Denn dass Adam und Eva aus dem Paradies vertrieben
wurden, heißt, dass sie sich bei Gott erfolglos in Psychoanalyse befunden haben. Ein Paradies hat genauso wenig
existiert wie die totale Mutter. Nur der Neurotiker glaubt,
dass seine Bindung an die Mutter, das Liebesparadigma,
das Aufgepäppelt-Werden, ein Paradies war.[63] Was dem
ersten Liebespaar in Wirklichkeit gefehlt hat, war wohl
mehr das Wahrheitswissen, zum Beispiel bezüglich dessen, was es heißt, eine Frau zu sein. Denn das haben sie
von Gott nicht erfahren, der, selbst \$, nur damit beschäf-
tigt war, seinen Anspruch (Demand) mit dem Signifikanten des groß zu schreibenden *Anderen* in eine richtige
Verbindung zu bringen.[64] Gott selbst hatte gegenüber
dem Erscheinungs-Wirkenden der Natur noch keine ge-
festigte Position, er war pures Wort-Wirkendes, Anspruch, Ruf, Macht- und Kraft-Wort, das keiner so isoliert gerne hören wollte. Für ihn waren ja die Frauen aus
der Rippe des Mannes gemacht, aus einem der lächerlich-
sten Teile dieses wenig anmutenden Körpers. Das konnte
Eva nie akzeptieren, und auch Adam war es peinlich.

Was es heißt eine Frau zu sein, will ich versuchen im 4.
Kapitel zu eruieren. Obwohl die Frau genauso Anteil an

---

[63] Psychoanalytiker sagen, dass man glaubt, das mütterliche
Primärobjekt, ihre nicht nahrungs- sondern ‚Mehrlust' spen-
dende Brust verloren zu haben. Aber diese Art von Brust war
ja nie wirklich lebenserhaltend und nur ein Schein-Paradies.

[64] Lacan schreibt es so: S ($\bar{A}$) $\longrightarrow$ \$ $\blacklozenge$ D, was man sich nicht
merken muss und nur Probe seiner Mathematik ist. (Signifi-
kant des ($\bar{A}$) – gespaltetes Subjekt in Bezug zum Anspruch, D)

Φ hat, und dies auch auszuspielen versteht, liegt ihre eigentliche Chance bei Ψ, zu dem sie einen primär gegebenen Zugang hat. Wie Freud mit seiner These vom phallischen Primat im Unbewussten beider Geschlechter, das seiner Ansicht nach ja in versteckter Form den Anfang gemacht hat, versucht Lacan diesen Sachverhalt mit der Mengenlehre zu beweisen. In ihr gibt es ja auch die sogenannte ‚leere Menge', also die, die kein Element enthält, und das passt gut zu Φ, denn es ist ja nichts an ihm dran. Φ ist ja nur „der Signifikant, der kein Signifikat hat", wie Lacan sagt, also ein Rumpelstilzchen, das sich aufbläht, erigiert, solange man seinen Namen, sein Signifikat nicht weiß. Umso mehr kann der leere Signifikant anrichten.

Aus den Signifikanten, Stilzchen, Stelze, Rumpelpumpel, mit dem es herumstolziert, hätte man das Signifikat, das Bezeichnete, erraten können. Hat's dir der Teufel, hat's dir's Φ gesagt, schreit der Kleine im besagten Märchen auf, in dem die Müller-Tochter Gold spinnen soll, um ihr Kind zu retten. Die Arme stand wahrhaft vor einer ‚leeren Menge', vor leeren Hoffnungen, in denen der Name des Rumpelstilzchens nicht auftauchte. Doch das Wort ‚Menge' suggeriert bereits eine Vielfalt, wie soll die dann leer sein? Nun, sie ist nicht leer, sie ist nur ihr eigener Inhalt und wird durch das kuriose und wichtigtuerische Gerede davon gefüllt, indem man von der sexuellen Beziehung ja nichts sagen kann, nichts Definitives, Logisches, Quantifizierbares, sondern nur ‚Rumpelstilziges'. Sie *Strahlt* (erscheinungs-wirkend) hell, *Spricht* (wortwirkend) aber nicht. Wirkliches Gold kann nicht gesponnen werden, vielmehr muss man die Signifikanten belauschen, und dies macht die Magd der inzwischen zur Königin avancierten Müller-Tochter mit Erfolg.

In der *Analytischen Psychokatharsis*, fängt man mit dem Erscheinungs-Wirkenden an, um eine Konzentration zu erreichen, die die vielen theoretischen Objekte, wie sie die Psychoanalyse auftischt, erst einmal unberücksichtigt lässt. Es wird also zu Beginn genau die Schnittstelle, diese erste der zwei Seiten aufgespürt, sozusagen der Baum der Erkenntnis anfänglich mutig betrachtet, was natürlich nur möglich ist, weil ich – wie schon angedeutet – ein eigens entwickeltes, rein f o r m a l bild-wort-wirkendes Instrument einführe (sogenannte und noch zu erklärende *Formel-Worte*), das verhindert, dass das Ikonische, zu uferlos, zu sehr sich an Phantasievolles annähert, zu viel wiederholt und zu unfassbar wird, aber notwendig mit dem *Anderen* verbunden ist.

Zielgerecht geleitetes Erscheinungs-Wirkendes führt zur Katharsis, wie sie die Patienten Freuds erlebten, als er die Hypnose noch zur Therapie nutzte. Freud hielt einen glitzernden Gegenstand vor die Augen des Patienten und sprach dann mit sonorer Stimme, von der die Patienten sich in lustvoller Hingabe zu ihrem Erscheinungs-Wirkenden führen ließen, ganz nach der Formel $ a (das in sich gespaltenes Subjekt in Trance, und die Stimme des Therapeuten als ‚Mehrlust-Objekt' a genießend). Doch wieder aufgewacht, war die Erinnerung an das Besprochene und Gesehene verblasst, und so haben diese frühen Patienten von Freud nicht viel gelernt, und er selbst nur wenig Nutzen daraus gezogen. Die Katharsis in der *Analytischen Psychokatharsis* ist jedoch von nichts abhängig, sondern überlässt sich dem eigenen Unbewussten und dessen mit den *Formel-Worten* gestützter symbolischer Ordnung. Getragen von dem kathartischen Genießen sind der Wechsel und die Zusammenführung vom *Strahlt* zum *Spricht*, vom erscheinungs-wirkenden Ikonischen zum reinen, ungetrübten Wort-Wirkenden im Pass-Wort, einfach. So wird endlich l'Un, die Einsheit, erreicht, die Lacan theoretisch in sehr umschweifiger Form in seinem XIX. Seminar erstellt hat.

L'Un dient dazu sich zu finden, sich und die Wahrheit in wissenschaftlicher Weise zu finden. Die Zeiten sind vorbei, die noch Nietzsche in seinem Zarathustra als die des edlen, des großen, des vornehmen Menschen schilderte, in dem die Beziehungen noch gelungen, gepflegt und gehoben waren. Überhaupt regierte – wenn hier auch nur literarisch – die Wahrheit noch vor dem Wissen, denn „der Wahrheitspunkt liegt dem Wissenspunkt voraus", schreibt Lacan, „indem er in der Perspektive des Anspruchs eingeführt wird . . . was es nötig macht zu fragen, in welcher Struktur . . . er nicht übereinstimmt in dem, was sich das Begehren nennt."[65] Das Wesen des unsteten Begehrens muss nämlich ins Innere des Wissens eingeführt werden, um erst dann, wenn es von all seinen Ungenauigkeiten gereinigt ist, zu der aller vorausliegenden Wahrheit zu kommen. Auch das sind wieder die zwei Seiten, denn die Wahrheit ist in der ersten Seite schon da, aber sie wird überschattet vom zu vielen und

---

[65] Lacan, J., Seminar XIII, Meninas II, in lacan-entziffern.de

zu wenig relevanten Wissen, und das insbesondere hinsichtlich des psychischen Triebs, des Begehrens. So kommt es zum Konflikt, der analytisch und psychokathartisch, logisch und strukturell, gelöst werden muss.

Kurz noch zu dem völlig gegenteiligen Pendant des Alten Testaments, nämlich zur wissenschaftlich erfassten Frühgeschichte. Etliche Jahre nach den ersten Menschen, nach den Adams und Evas, war Byblos, das im fünften Jahrtausend v. Chr. gegründet wurde, in der Antike das Hauptzentrum des Adonis-Kultes. Die Mythen um Adonis, den man bei uns seit jeher als jugendlichen Schönling kennt, handeln von unerfüllter Liebe, Tod und Auferstehung und enthalten wohl Züge des Glaubens an eine lebenspendende Muttergöttin, die das krasse Gegenteil der im Alten Testament minderwertig dargestellten Eva war. Adonis sei der Sohn der Myrrha (Smyrna) und ihres Vaters, König Kinyras von Assyrien, heißt es, also das Ergebnis eines Inzests, was schon wieder gut zur Psychoanalyse und ihrem Ödipus-Konzept des Unbewussten passt. „Weil Myrrha Aphrodite nicht gebührend huldigte, wurde sie von der Liebesgöttin in blinde Liebe zu ihrem Vater versetzt. Mit der Hilfe ihrer Amme gelang es Myrrha, sich ins Schlafgemach ihres Vaters zu schleichen, ohne dass dieser sie erkannte. Als die Wahrheit ans Licht kam und sich der Vater des Inzests bewusst wurde, wollte er seine Tochter töten. Diese wurde jedoch von den Göttern in einen Myrrhenbaum verwandelt. Der

Baum sprang nach zehn Monaten auf und brachte Adonis hervor, der von Nymphen aufgezogen wurde".[66]

Phantastisch, diese Geschichte würde sich mindesten so gut wie die von Ödipus zur Ausgestaltung eines psychischen Komplexes eignen. Die dann Adonis-Komplex zu nennende psychische Störung würde im Gegensatz zu der ödipalen Mutter/Sohn-Beziehung eher zur Frau passen, die sich – wie im Fall Myrrha – unbewusst ein Kind von einer fähigen, göttlichen Vaterfigur wünscht (oder gar dem prinzipiellen Vater), das entsprechende Tabu jedoch gegen sich selbst richtet. In der Folge wurde der Mythos umgestaltet und man ließ dann die königliche Frau sich – als Kompromiss einer Mischung aus Kind und idealem Mann – einen Adonis aussuchen, einen jungen Schönling, den sie – ohne zu wissen warum – mit Größe und Mächtigkeit ausstattete. Statt der Schuld wie beim Ödipuskomplex stünde die Scham im Vordergrund. Die Scham vor dem Inzest, zu dem sich Kinyras unbewusst, unerkannt, hingegeben hat, die Schuld wälzt er auf die Tochter ab.

In dieser Geschichte ist alles vorhanden, was in der Psychoanalyse eine Rolle spielt: Eigenliebe und Mord, die phallische Mutter, der kastrierte Mann, Eifersucht und Geschlechtswandel, bezüglich dessen auch heute noch viel von Androgynie, ein Phantasiebegriff für ein männlich-weibliches Wesen, von Hermaphroditismus oder – aktuell – von Transgender, dem Realisierungsversuch

---

[66] Wikipedia: Adonis

eines solchen, gesprochen wird. Nun hat gerade die Figur rechts in der Abbildung ein derartiges intersexuelles Aussehen. Ein Adonis, schlank und rank und feminin. Sicher war die Gestalt des Reshek, wie die Statue aus dem Museum in Beirat (Bild nebenan) heißt, ein typisches Exemplar der jünglingshaften Könige (mit Krönungshut), die als Geliebter und Sohn-Gemahl den matrilinearen Göttinnen bzw. deren Priesterinnen dienten.[67] Im altgriechischen Kybele-Kult kastrierten sie sich freiwillig, aber im Adonis Kult ging es um das Schöne, um die erotische Ästhetik, die ikonisch, bildhaft und symbolisch dem damaligen Schönheits- und Machtideal diente. Denn der schöne Jüngling war nur pro Forma ein König, und auch nur pro Forma ein Ehemann. Wie es mit ihm als Liebhaber aussah ist nicht ganz klar, nachdem es ja hieß, dass es selbst mit Aphrodite nicht klappte.

Lacan holt das Schöne über die von mir favorisierte Seite des Erscheinungs-Wirkenden, des Ikonischen ins Gewebe des Psychoanalytischen herein. Das Schöne der Liebe stellt er mittels des Begriffs des Aufregenden und Exzitativen heraus (eine Form der Minne), und er betont, „dass das Schöne ausschließlich den Körper verherrlicht: Dort ist das Prinzip die ‚Jouissance', das autochthone

---

[67] Göttner-Abendroth, H., Das Matriarchat, Bd. I, Kohlhammer (1988)

Körpergenießen."[68] Aber es ist auch das Prinzip der Liebe, wie Lacan weiter ausführt, indem er ihr wie erwähnt-
die Zahl Zwei zuordnet, die der Symmetrie, die der
Spiel- und Spiegelregeln – er meint wohl wieder die um
zwei Seiten herum, die nie ganz aus der (meist auch
narzisstischen) Spiegelung herauskommen. In der Liebe
liebt man immer auch ein bisschen sich selbst, weshalb
die vollständige Liebe, die auf die Wahrheit des Wissens
aus ist, nicht mit dem Ausdruck der Ein(s)   Ein(s), also
die der Zwei, sondern mit dem der Eins und der Drei
definiert ist (Lacans Begriff für die Selbstschöpfung
anhand der Mengenlehre).

Wie sehr allerdings das matrilineare Konstrukt friedlich
und vegetationsverliebt abgelaufen ist, wie es im Mythos
klingt, ist fraglich, denn die Drei schloss dort – wenn ich
weiter bei der Lacanschen Mathematik bleiben darf –
den Tod recht leidenschaftlich mit ein. In vielen Berichten heißt es, dass der Adonis gleiche Sohn-Gemahl der
Muttergöttin nach einem Jahr oder in gut gewählten Abständen geopfert werden musste und durch einen neuen
königlichen Geliebten ersetzt wurde. Darin liegt das
kannibalistische Element, das wohl unbewusst zur Tex-
tur/Text Volumen des Matriarchats gehörte. Das Vaterprinzip, in dem laut Lacan die Struktur der Logik liegt,
war noch nicht erfunden. Leben und Tod der Natur waren Vorbild für alles und darin war das Opfer des Sohn-
Gemahls eben mit eingeschlossen. Auch Adam und Eva
mussten ihre libidinöse Ursprünglichkeit opfern, und bei

---

[68] Lacan, J., Seminar XXI, Vortrag vom 12. 3. 1974

Ödipus war es die Männer fressende Sphinx, die für diese Frühform des Eros sorgte.[69]

Die archäologischen und anthropologischen Forscher, D. Graeber und D. Wengrow haben in dem zur Zeit hochgelobten Werk wohl recht, wenn sie bestätigen, dass die göttlichen Frauen in den matrilinearen bzw. matriarchalen Gesellschaften, vor allem in den frühsteinzeitlichen Formen im vorderen Orient, wohl kaum eine „Exekutivmacht" vertreten hätten.[70] Es handelte sich um eine andere Macht, die sie innehatten, eine, die man eher eine Mächtigkeit oder eine Fülle nennen müsste. Eine „Macht ohne Machthaber", wie sie der Philosoph M. Foucault als eine der Grundkräfte des Lebens nannte. Man könnte ihre Macht als die erotisch gefärbte Übertragungsliebe verstehen, in der den Göttinnen enorme Fähigkeiten unterstellt wurden, während in der normalen Psychoanalyse die Übertragung nur positiv getönt ist und die Unterstellung gegenüber dem Therapeuten das Wissen betrifft. Ihre Mächtigkeit, Imposanz, ikonische Größe, förderte die Übertragungsliebe zu diesen mütterlich-göttlichen Superfrauen, die zwar nicht einer Exekutiv-

---

[69] Ich will damit nicht sagen, dass das Matriarchat eine ungute und unglückliche Kreation war. In den Kriegen des Patriarchats starben noch viel mehr junge Männer und das Schöne, die erotische Ästhetik, haben die Griechen noch eine Zeit lang weiter geführt, doch seit den Römern war es dann vorbei.

[70] Graeber, D., Wengrow, D., Anfänge, Eine neue Geschichte der Menschheit (2022).

macht galt, aber eben einem Begehren, das Gesetz war, Regel, Justiz.

Die muttergöttliche Frau wie etwa die orientalische Ishtar, war nicht wie die Domina im Sexstudio eine autoritätslose Spaßfigur.[71] Sie hatte, wie gesagt, zwar keine Exekutivmacht, aber umso mehr eine legislative Stärke weiblicher Symbolik, die die matrilineare Gesellschaft zusammenhielt. Vielleicht hätte der Muttergöttin ein reiferer, weiser Mann besser gestanden als der Softie mit Hut. Ein König mit staatsmännischen Kenntnissen an ihrer Seite, einen, der ihr all diese Beziehungen und Verhältnisse hätte differenziert symbolisieren können. Mit dem sie zusammen hätte Eins sein können, Eins ohne die ,Mehrlust'-Objekte, oder, wie bei Foucault gesagt, nur mit einem „Sex ohne Gesetz" (Foucaults neben der ,Macht ohne Machthaber' zweite Lebens-Grundkraft), die also ohne die üblichen vorgefassten Regularien des Hetero-, Homo-, Trans-, kurz der HLGBTQISM etc. Etikette auskommt. Einen solchen gab es aber nicht, doch indem man den Adonis gleichen Mann wie Reshek wenigstens zum Marionetten-König machte, ihm einen Krönungshut aufsetzte und ihm wahrscheinlich auch mit dem entsprechenden Titel ausstattete, kam man dem Ideal der matrilinearen Gesellschaft doch nahe.

---

[71] Ihr männlicher Kunde gibt ihr S_1, seine ,herrensignifikante Stimme' ab, die ihr zur Ausübung ihres Berufs völlig genügt.

Es ist ganz klar: es fehlte die Ausstrahlung des prinzipiellen Vaters, die imaginär-symbolisch Reale von Φ als Insignien des wahrhaft paternal geregelten Begehrens, was eine heterogene Partnerschaft von Mann und Frau gleicher Ebene ermöglicht hätte. So musste über kurz oder lang die aufstrebende Intellektualität der Griechen dieser matriarchalen, aber auch alt-testamentarichen, sowie wie der wild-mythischen Geschichte der ödipalen Sphinx als etwas Fortschrittliches entgegengesetzt werden. In der Saga von Ödipus wird aus der Muttergöttin zwar diffamierender Weise eine mordende Sphinx, aber der griechische Königssohn Ödipus kann ihr nunmehr ein bisschen Paroli bieten. Er weiß, dass sie eine phallisch verbrämte Ikone ist, und kann so ihr Rätsel lösen. Der Sohn-Gemahl schien abgeschafft, als Ödipus die Sphinx zu Fall brachte, indem er in ihr im Vorausgriff zur Psychoanalyse Aspekte der sogenannten ‚phallischen Mutter' erkannte.[72]

Später aber scheitert Ödipus dann doch noch bei der scheinbar universellen Frau, die schön, reich, königlich und göttlich zugleich ist, bei der Überfrau also, Iokaste, die, weil sie zudem auch noch seine Mutter war, wieder zum Matriarchat und dem Sohn-Gemahl-Komplex zurückführte. Die matrilineare Naturerotik war hinsichtlich

---

[72] Mit der Geschichte von dem Wesen, das morgens vier, mittags zwei und abends drei Gliedmaßen hat, ist nicht nur der Mensch gemeint, wie viel zu simpel und kindlich gesagt wird. Das dritte Glied weist vielmehr symbolisch auf den Phallus hin, wie auch Psychoanalytiker die Dramatik erklären.

Φ, dieses Begehrenssymbols, offensichtlich immer noch stärker als der männlich-väterliche Kulturanspruch. Daran haben in der Folge sogenannte Patriarchate, die eigentlich immer Andriarchate, Männerherrschaften, waren, nichts geändert, auch wenn sie einen Dante hervorgebracht haben, der in seiner ‚Göttlichen Komödie' in alle Welten, selbst in die Hölle hineinsieht (Erscheinungs-Wirkendes, herumirrender Blick, ‚Ideal-Ich'). Dazu braucht er aber einen sprachgewandten Helfer und Begleiter, der durch Himmel und Hölle, zu Verrücktheiten und Perversionen führt, den Dichter Vergil (Wort-Wirkendes, Ich-Ideal).

Im Verfahren der *Analytischen Psychokatharsis* sind es die *Formel-Worte*, die diese Führung übernehmen, weil sie einerseits an der Mathematik angelehnt rein bildhaft F o r m **a** l e s, abstrakt Erscheinungs-Wirkendes beinhalten, andererseits gleichzeitig schon Worthaftes, Wort-Wirkendes in ebenso formaler Form vermitteln. Denn sie entlocken dem Unbewussten schließlich die Worte, die dem bewussten Leben fehlen. Sie ersetzen noch viel besser Freuds Urvater und sogar Lacans ‚logische Struktur'. Sie sind das ideale Übertragungsobjekt.

Ich gebrauche in diesem Buch häufig die Begriffe ‚Mehrlust', Mehrwert, Mehrsein, weil etliche Texte aus einem früher veröffentlichten Buch mit dem Titel dieser drei ‚Mehrs' entnommen sind. Die ‚Mehrlust' stammt von Lacan, der Mehrwert von Marx und das Mehrsein von den Berichten über das Matriarchat, das nach einem Mehrsein aussieht, aber vielleicht gar nicht ist, und das es ebenso vielleicht nie geben wird. Wie und warum sollte etwas oder jemand mehr sein als andere? Man kann schöner, besser und stärker sein, aber mehr? Lacan meinte, dass der Mehrwert von Marx nur dessen ‚Mehrlust' sei, und so ist jedes Mehrsein wohl auch nichts anderes.

5. Mann und Frau

Von feministischer Seite her wird bemängelt, dass das
Alte Testament von Männern geschrieben wurde, die die
Frau aus einer Rippe Adams haben entstehen lassen, um
als Rechtfertigung für deren Unterdrückung, sie als min-
der- und nur zweitwertig hinzustellen. Da ist zweifellos
etwas dran. Man kann sich das Ganze nur so erklären,
dass diese Männer eigentlich Besessene waren, religiös
Exaltierte, paranoisch Spirituelle, die nicht nur oder
nicht so sehr von ihrer Männlichkeit ausgingen, als
vielmehr vom Blick nach rückwärts, hin zu einem Ur-
ahn, Urvater, Freuds Vorzeit-Vater, den sie Gott nannten. Natürlich hatten sie noch keinen Zugang zum Verständnis einer Selbstschöpfung oder der gerade oben
erwähnten ‚logischen Struktur'. Sie mussten einen
Herrn, eine Bestimmer-Figur, ein paternales Überich
einführen, alles neurotische Konstruktionen, weshalb ich
an dieser Stelle den *Formel-Wort*-Flüsterer einsetzen
will, der wissenschaftlich begründet ist und der das
Selbstbestimmende, Selbstschöpferische wieder in seine
Rechte einsetzt.

Doch vorerst nochmals zu Lacan, der das Wesentliche
seiner Erkenntnisse in seinem XVI. Seminar folgender-
maßen formulierte: Die konstituierenden Wahrheiten, die
die Psychoanalyse in ihr Feld einbringt, würden darin
bestehen, „dass es keine Vereinigung von Mann und
Frau gibt,   a) ohne dass die Kastration nicht in Struk-

tur des Phantasmas (der unbewussten Phantasie) die Realität des Partners festlegt, bei dem sie unmöglich ist,

b) ohne dass sie, die Kastration, nicht in jener Art Hehlerei fungiert, welche sie als Wahrheit bei dem Partner aufstellt, dem sie . . realiter erspart bleibt.“[73] Vereinfacht ausgedrückt: in der Psychoanalyse würde die Frau zwar nicht direkt als kastrierter Mann gelten, aber sie ziehe sich diese ungute Geschichte meist tatsächlich irgendwie an, weil sie das ihr eigene, autochthone Genießen, die ‚Jouissance‘, nicht schätzen würde. Sie hält dadurch den Mann in einer Ungewissheit, ob sie ihn nicht vielleicht doch mitten im Liebessakt fallen lassen wird. Anders gesagt: „Die Frau lebt nicht vom Brot allein, sondern auch von ihrer Kastration – dies an die Adresse der Vertreter des männlichen Geschlechts. Danach führen sie ein umso gesicherteres Leben.“[43] Na ja, sagt das alles?

Mann und Frau, beide leiden wohl an einem Beziehungskomplex, und sie tun dies nicht absichtlich, sondern unbewusst, eben weil es keine schon von vornherein anzunehmende Harmonie der Geschlechter gibt und Mann und Frau somit einem ständigen Experimentieren ausgesetzt sind, das bisher noch nirgendwo total glücklich ausgegangen und gelöst worden ist. Beide sind also nicht frech genug, sich alles zu sagen, was sie denken und empfinden und selbst kreieren könnten. Deswegen hat man also irgendwann das Alte Testament geschrieben und einfach das Patriarchat etabliert, das die Regeln

---

[73] Lacan, J., Seminar XVI, Turia & Kant (2022), S. 10 und 44

durchstrukturiert, festlegt, fertig. Man hat die Ehe etabliert, was vielleicht für Jahrtausende immer noch der beste Kompromiss war, um der Differenz Mann / Frau ein einigermaßen funktionierendes Gesicht zu geben.

Nun existiert ja schon seit geraumer Zeit eine Diskussion darüber, ob es nicht mehr als zwei Geschlechter gibt. Erst vor kurzen sollte die Biologie-Doktorandin M.-L. Vollbrecht an der Berliner Humboldt Universität einen Vortrag darüber halten. Doch als im vornhinein bekannt wurde, sie würde kategorisch konstatierten, dass es grundsätzlich nur zwei Geschlechter gäbe, und der Versuch daneben völlig gleichberechtigt weitere queere Geschlechtsidentitäten zu etablieren, absurd wäre, gab es in der LGBTQI (Lesbian, Gay, Bi, Trans, Queer, Intersexual) Community einen markerschütternden Aufschrei. Die Universität sah sich daher gezwungen, den Vortrag abzusagen. Er hätte zu große Unruhen ausgelöst, vielleicht Polizeieinsatz erfordert. Nun eskalierte die Sache in all den heute bekannten Informationskanälen weiter und weiter.

Vollbrecht argumentierte, dass freilich die Transgender Identitäten sozial und psychologisch gerechtfertigt sind, aber eben nicht wissenschaftlich essentiell seien. Von neurowissenschaftlicher Seite her existieren unterschiedliche Auffassungen, ob nicht ein männliches oder weibliches Gehirn einen unveränderlichen Einfluss auf die diskutierten sexuellen Identitäten hat. Aber ich habe ja schon betont: wir sind nicht das Gehirn! Kleinere neurologische Differenzen machen kein Geschlecht. Mit dem

Begriff Gender sollten jedoch definitiv weitere Geschlechter als essentiell gleichberechtigt anerkannt werden, wenn psychisch und körperlich phänotypisch überhaupt nicht der Identitäts-Wahrnehmung entsprechen würde. Zudem ließen sich die biologischen Unterschiede ja mit operativen und hormonellen Veränderungen so weit ausgleichen, dass eine ausreichend bestätigte andere Geschlechtlichkeit erreicht werden könnte. Nun kann die Transfrau keine Kinder gebären, aber das käme ja auch bei normalen Frauen vor, die sich dann evtl. eine Leihmutter nehmen oder Kinder adoptieren würden, um diesen Mangel auszugleichen. Auch der Transmann könnte keine zeugen, aber man würde dann ja ebenfalls welche adoptieren, usw.

Gut, vielleicht ist man heute noch nicht so weit, der Transfrau ein Ovar und einen Uterus zu implantieren, man müsste dann allerdings immunitätshemmende Medikamente dazu nehmen, und die Kinder wären auch nicht die eigenen. Aber auch das ließe sich sicher eines Tages lösen, wo also liegt das Problem? Ich denke, man muss davon ausgehen, dass es neben der Geschlechtsproblematik ja auch noch eine Generationsproblematik gibt. Geschlechtsidentität, sexuelle Identität stellt eine horizontale Achse dar, die im sozialen, psychologischen und sicher auch noch anders bestimmten, definitiven Bereichen eine entscheidende Rolle spielt. Aber die generationelle Identität, die Senkrechte von den Ur-Großeltern, Großeltern, Eltern, Kindern, Enkeln, spielt in all den genannten Kategorien ebenfalls eine große Rolle. Auf den Kreuzungspunkt der beiden Achsen, an dem sich wieder das Generations-Bestimmte der Geschlechter mit dem psycho-sozial Bestimmten Geschlechtlichen schneiden, kommt es – genauer betrachtet – vielleicht eher an.

Kann nicht dazu von der Psychoanalyse her eine Klärung kommen? Ich habe doch schon in den ersten Kapiteln von dem Dreieck Vater-Mutter-Kind gesprochen, und auch davon, dass als Viertes Φ, das Symbol des Begehrens eine entscheidende Mitfunktion im Geschehen hat, vor allem auch, wenn es um geschlechtliche Identität geht. Der ,kleine Hans' hat sich noch von der virilen Mutter zurückziehen und noch so viel eigene Virilität erlernen können, so dass er später – wenn auch etwas gehemmt wie Freud meinte – die übliche heterosexuelle Richtung einschlagen konnte. Er hätte aber bei einer noch ausgeprägter dominanten Mutter auch homosexuell und vielleicht auch transsexuell werden können. Aber das hieße auch, dass er den Ödipuskomplex nicht korrekt verlassen hätte – oder ist das vielleicht gar nicht unbedingt das schlimmste Problem? Vielleicht nicht für die Geschlechtsproblematik, aber wie sieht es für den Generationskonflikt und den prinzipiellen Vater-Signifikanten, Vater-Namen aus, der ja diese ominöse Φ-betonte Ausstrahlung hat?

Man muss den Schwerpunkt nicht unbedingt auf die Ausstrahlung des Vaters setzen, man kann genauso gut von der Offenheit, Empfänglichkeit und Sensibilität bei der Mutter sprechen, deren Weiblichkeit (Ψ) schon entschlossen ist, nicht nur auf Φ zu antworten bzw. ihm zu

entsprechen, sondern auch auf den geeigneten Mann.
Doch wer ist geeignet? Unterliegt dies nicht wieder stark
der generationellen Senkrechten? Darum geht es ja auch
gerade bei dem, was Freud meinte gefunden zu haben:
bestimmend ist das Unbewusste und seine Textur/Text-
Struktur, Lacans *Anderer*, der strukturiert ist w i e eine
Sprache. Das strukturelle Primat des Begehrens, das in Φ
zwischen Vater und Mutter symbolisiert ist und dem das
Ehegelöbnis ja nur ein staatliches Etikett aufklebt, auch
wenn sich die Mehrheit noch daran hält, hat seinen eigenen Wert. Ist damit nicht garantiert, dass das drei bis
fünf Jahre alte Kind nach Abschluss des Ödipuskomplexes sein Geschlecht akzeptiert hat, und zwar eben nicht
wegen der Biologie all der Beteiligten, sondern wegen
der Textur/Text-Struktur, in die Vater, Mutter und Kind
einbezogen sind? Vorausgesetzt der Vater ist ein Mann
und die Mutter eine Frau?

Wenn das Kind sein angeborenes Geschlecht samt dessen Orientierung nicht akzeptiert hat, würde es eben – so
argumentiert die Psychoanalyse – in der narzisstischen,
präödipalen, reinen Spiegelung (Zweier-Symmetrie mit
der Mutter) verblieben sein, was ihm neurotische, psy-
chotische, perverse und andere Probleme einbrächte. Die
psychoanalytischen Wahrheiten liegen zwischen biologi-
schem Sex, sozialem Gender und dem Generationellen,
und könnten sie so auch das Problem all der Queerness-
Orientierungen lösen helfen? Die Funktion des prinzipiellen Vaters, des Vater-Namens als unbewussten ‚logi-
schem Strukturalisten', als dem großen **A** Lacans, inso-

fern Er/Es vom Signifikanten her bedeutsam ist, hat doch wohl etwas mitzureden.

Aber um seine Identität als solche zu bewahren, kann nicht alles grenzenlos hingenommen werden, was die Menschen sich an Identitäten zuschreiben. Man muss das Biologische nicht so betonen, wie es Frau Vollbrecht getan hat, man kann auch die Faschingsveranstaltungen des Christopher Street Days mittragen, und selbst wenn er paranoisch sein sollte wie Lacan meint, dem Transsexuellen mit pragmatischen Lösungen weiterhelfen. Es beinhaltet ja Mühe und Leid sich seinen Körper umwandeln zu lassen, und wenn das jemand will, warum nicht?[74] Ein anderes Beispiel für die Komplexität der Geschlechts-Problematik.

Der schwule Schriftsteller E. Louis, Freund des durch sein Buch ‚Rückkehr nach Reims' bekannt gewordenen Philosophen D. Eribon, hat seiner Mutter eine ausführliche Hommage gewidmet. Er hat sie für ihren Kampf gegen den wütenden und oft alkoholisierten Vater warmherzig und wie manche Rezensenten meinten ‚empathisch' gelobt.[75] Mir erschienen die Gefühle nicht so authentisch, und die Rezensentin Mara Delius ist geteilter Meinung wie bei Perlentaucher zu lesen ist. Sie meint

---

[74] Etwas anderes ist die Frage, ob man Transgenderwünsche, schon vor der Pubertät, also noch im Kindesalter, realisieren sollte. Schließlich muss man die genannten Leiden und Mühen und die nie hundertprozentige Angleichung ans andere Geschlecht ausreichend überblicken können.
[75] Louis, È., Die Freiheit einer Frau, Fischer Verlag (2021)

„bei Louis verschwinden die berührenden Momente der Erinnerung hinter der "Theoriesprechversessenheit" des Autors und seiner uneindeutigen Gesellschaftskritik. Das intime Mutterporträt wird so zur "Soziologiedichtung,‟ die vielleicht auch den Zweck hat, die Mutter damit zu versöhnen, dass sie nie Enkelkinder haben wird. Eher ist er ihr verpflichtet, weil er sich selbst nicht von ihr hat lösen können, wie ich den Eindruck beim Lesen seines Buches hat. Aber die Geschlechtsproblematik schneidet in Büchern von Heterosexuellen nicht besser ab.[76]

Die Selbstschöpfung ist kein Prinzip grenzloser Freiheiten. Den symbolischen Vater zurückzustufen, so wie es nicht nur in den queeren Sexualitäten der Fall ist, sondern auch in der als Norm geltenden Heterosexualität, wenn der Mann ständig eine andere Frau braucht und zehn weitere im Kopf hat, ist keine Lösung. Dass die Vaterfigur, bzw. dessen Prinzip, Name oder Signifikant, sich entweder in bösen Herrenmenschen oder Kasperlfiguren aufgeteilt hat, ist Folge eines Missverständnisses vom Signifikanten Φ, der kein Spaßobjekt ist, aber auch nicht das Zepter der Unterdrückung, sondern der Signifikant, der kein Signifikat hat und daher den universellen Diskurs stets umrühren, neu verschachteln, und wissen-

---

[76] Ich erinnere an die grauenvollen Beschreibungen des heterosexuellen Aktes in der besten Literatur, indem die Autoren nicht wissen, dass die sexuelle Beziehung eine wunderbar glänzende, strahlende, leuchtende Scheinwelt ist, eine Freud'sche Fehlleistung, ein Danebengehen, ein Patzer. Vielleicht – so Lacan – gibt es im Trantrischen eine Lösung.

schaftlich begründen muss. Daran möchte ich mich be-
teiligen und ein Verfahren anbieten, wie man – wenn ich
das einmal so abstrus sagen darf – ‚Vater seiner Selbst‘
werden kann.[77] Denn nur darin besteht das Selbstschöpferische, nämlich dass in den Losungsworten, *Pass-
Worten* und deren Deutung dieses prinzipielle, paternale
Selbst wissenschaftlich gestützt wird, und man so etwas
findet, das mit dem Wort Identität nur schlecht vermittelt
wird und das eher mit der Weisheitswahrheit, die das
Wissen ums Genießen ist, zu tun hat.

„Der bloße Erinnerungsruf [an das Problem Mann und
Frau und deren Kastrationskomplex] impliziert, dass
zumindest in dem Feld, welches augenscheinlich das
unsere ist [die Psychoanalyse], keinerlei Harmonie wie
auch immer sie zu bezeichnen wäre, in irgendeiner Weise eingerichtet ist" Und so nötigt sich der Psychoanalyse
ein bestimmtes Vorhaben auf, nämlich „das eines Diskurses, der der Thematik angemessen wäre.[78] Und wie
genau sollte das sein? Es sollte ein Diskurs, also eine
Sprechweise, eine bestimmte Art sich auszudrücken
sein, und zwar „der aus sich selbst heraus gesicherte
Diskurs, der, indem er sich auf ein Kriterium gründet,

---

[77] Vor Jahren hatte ich ein Buch mit diesem Titel veröffentlicht, doch der Inhalt konnte nicht klarmachen, dass es nicht
darauf ankommt, im Prinzip Vater eine neue Dominanzvarian-
te zu schaffen, sondern selbstschöpferisch zu sein, aber eben
in der Richtung einer ‚logischen Praxis‘, wie sie Lacan lehrte.
[78] Lacan, J., Seminar XVI, Turia & Kant (2022) S. 44

welches das Denken an seinem eigenen Maß nähme, den Titel *episteme*, die Wissenschaft, zu tragen verdiente." Als Wissenschaft v o m Subjekt, die belegt, dass es weder die Gene, noch moralische Thesen, weder Identitäten, noch zurecht gezimmertes Begehren sind, auf die es ankommt, sondern der reale Zusammenschluss des Erscheinungs- und Wort-Wirkenden.

Schließlich „werden wir bei dem Vorhaben, das Denken mit sich selbst in Übereinstimmung zu bringen, zu größerer Vorsicht genötigt und sei es zunächst nur durch die Herausforderung, die ich eben als diejenige bezeichnet habe, die von der Wahrheit an das Reale gerichtet wird. Eine Regel des Denkens, die sich des Nicht-Denkens zu versichern hat, als dem, was seine Ursache sein kann – das ist das, dem wir beim Begriff des Unbewussten gegenüberstehen."[79] Heißt das nicht, dass das Denken üblicherweise dem Wort-Wirkenden zugehört, außerhalb das Nicht-Denken aber vom Erscheinungs-Wirkenden herkommt, mit dem eben für die Psychoanalytiker nichts Richtiges anfangen können?

Nun geht es bei Lacan nicht wie bei Descartes um ein Ich, das denkt zu sein, sondern um ein Sein im Unbewussten, um das für das Psychische wesentliche, unbewusste Sein, „das von seinen Worten her das des Sinns ist." Es handelt sich – so würde ich es sagen – um ein Denken ohne Ich, um ein Subjekt ohne Kopf. „Als Denken existiere ich nicht – wie man sich vorstellt und wie

---

[79] Lacan, J., Seminar XVI (2006) S. 13

es die gesamte Phänomenologie annimmt – vom Sinn her. Mein Denken lässt sich nicht nach meinem Belieben regulieren, es wird geregelt. In meinem Diskurs versuche ich nicht es auszudrücken, sondern es zu verursachen, ich habe nicht seiner Regel zu folgen, sondern seine Ursache zu finden. . . . Das Sein des Denkens ist die Ursache eines Denkens, insofern es außerhalb des Sinns ist. Es war bereits – und das immer schon – das Sein eines früheren Denkens." Ziemlich kryptisch, aber vielleicht doch wahr, was Lacan hier philosophiert.

Doch ich werde Lacan nicht gerecht, und ich muss das ja auch nicht werden. Ich muss sehen, dass ich der Sache, dem ‚Ding' gerecht werde, der Vereinheitlichung, der Einswerdung, Vereinung, die als solche möglich ist, wenn sie sich in jedem Einzelnen, in jedem menschlichen Subjekt, im Kollektiv des Individuums sozusagen, durch eigene Übungen ereignen kann. Bei all dem, was heute geschrieben und gedacht wird, niemand liefert die Praxis mit, die für diesen ganzen Denkkram und Seinskram notwendig ist. Eine Unze Praxis – heißt es doch auch – ist mehr wert als eine Tonne Theorien. Diese Einswerdung, Vereinung gelingt in der Übung der *Analytischen Psychokatharsis* nicht nur dadurch, dass sie praktisch übend vorgeht, sondern auch dadurch, dass sie den Übergang, die Transition vom Erscheinungs-Wirkenden, von der Katharsis einer ersten Übung, direkt ins Wort-Wirkende einer zweiten Übung bewirkt, indem die gleiche lustvolle Hingabe wie in Freuds Hypnosen genutzt wird, diesmal jedoch nur als Hingabe an leere, tote Signifikanten, wie es die *Formel-Worte* sind.

Sie sind genauso leer wie diejenigen, die im üblichen Diskurs zwischen mehreren Signifikanten gelöschte Spuren, versteckte Determinative oder ungewollte Lügen sind, die gerade wegen ihrer Leerheit oder wie das zwischen den Zeilen stehende linguistische Stärke haben. Dies gilt auch für die Beziehung von Mann und Frau, für die es einen ‚Diskurs ohne Worte' braucht, wie Lacan im XVI. Seminar konstatiert. Ohne zu fertige Aussagen, ohne vorgefasste Statements. „Es gibt keine Schließung des Diskurses," sagt er weiter, was heißt, dass niemals alles gesagt sein wird, dass der Psychoanalytiker verantwortungsvoll mit dem Diskurs umgehen muss, „so dass er in jedem Moment auch fähig sein muss, sein Scheitern zu zeigen."[80]

Mit dem Diskurs ohne Worte, mit dem Subjekt ohne Kopf, dem Denken ohne Denker ist immer gemeint, dass damit der Diskurs als solcher eben nicht angehalten wird, dass das nunmehr aufs Wesentliche konzentrierte Erscheinungs- und Wort-Wirkende selbstschöpferisch weiterläuft. Denn wenn der Diskurs anhält (durch psychische Hemmung, Ablenkung und ‚Mehrlüste'), fällt der Mensch in eine Art von Starre zurück, fixiert er sich an ein psychisches ‚Objekt', an klein a, ähnlich wie der Gourmet, der an seinem ‚amuse geule', an seinen Leckerbissen, seinem Au-Gout-Menü klebt und gar nicht mehr normal essen kann.

Als man noch nicht so dezidiert die Lüste durch psycho-

[80] Lacan, J., Seminaire X VI, edition Seuil (2006) S. 14-15.

analytisches Vorgehen enthüllen konnte, hat man sie einfach durch Askesen und strenge Reglements in Grenzen gehalten, was freilich einfacher war, aber eben repressiv, patriarchal, patristisch männlich. Und das will man ja heute nicht mehr. Das wollte schon der Philosoph G. F. Hegel nicht mehr, als er in seiner Dialektik der Geschichte die Macht als ‚Objekt' der ‚Mehrlust' herausstellte. Es ging – wie in Fußnote 22 schon berichtet – darin um den Prestige-Kampf zwischen Herr und Knecht, in der ersterer um der Macht willen den Verzicht aufs Genießen verherrlicht, während letzterer zwar weiter trinken, rauchen und huren kann, für das ultimative Ziel aber auf den Tod des Herrn warten muss. Eine trostlose Sache.

Eigentlich wollte Hegel – da er wohl diese Trostlosigkeit ahnte – eine Dialektik der Liebe schreiben, aber dazu ist ihm nichts eingefallen. Was könnte das Objekt der ‚Mehrlust' in der Liebe sein? Na klar, der Sex, und damit konnte der konservative ‚Weltgeist', wie Hegel sich nannte, nicht so viel anfangen.[81] Diese Thematik hat dann Freud aufgegriffen, indem er seine Hysterikerinnen zu Boden brachte, das heißt auf die Couch, wo er sich ganz nahe hinter ihnen in einem bequemen Lehnstuhl positionierte. Er nannte wie gesagt das zentrale Objekt der neurotischen ‚Mehrlust' phallisch, weil er nachweisen konnte, dass dieses libidinöse Objekt für Mann und

---

[81] Psychoanalytisch gibt es kein Objekt in der Liebe, sie ist eine Spiegelbeziehung, sie kann aber starke Luzidität erreichen.

Frau gleichermaßen gilt, wenn auch sehr unterschiedlich strukturiert (manche Psychoanalytiker sagen: er hat Φ, sie ist Φ).

Doch das ist nur die Sicht einer männlich dominierten Psychoanalyse. Aus einer viel einfacher und wohl mehr dem Weiblichen zugetanen Psychoanalyse müsste man doch sagen: er hat Φ, sie ist Ψ. Aber das allein ist nicht entscheidend. Es gibt ja noch die ‚Jouissance‘, zu der nicht nur ihre autochthone Form gehört, sondern auch die allgemeine Form, die sich um die kleinen Kinder, um diese wundervollen, entzückenden Schnuckelchen dreht, die wir alle – und hier sind es nun die Männer, die etwas Weibliches übernehmen – am liebsten immer wieder abbusseln, knuffeln und beschmusen möchten. Das ist mehr als nur Φ, das ist bereits eine gute Portion Ψ. Jetzt muss man nur noch beide zusammenbringen, bzw. darüber hinaus kreieren, selbstschöpferisch.

Vielleicht wird das Mann-Frau-Problem und alles weitere an dem Schema Lacans (unten) zum Thema der Sublimierung, der psycho-physischen Verfeinerung, Vergeistigung, die in der Psychoanalyse ebenfalls vom Trieb her ihre Kraft bekommt, dessen Freud'sches Sexuelles hier aber weitgehend veredelt, verdünnt, verflüchtigt ist, nochmals besser dargestellt. Es verhält sich so wie es bei der Katharsis in der Hypnose und auch in der ersten meditativen Übung der *Analytischen Psychokatharsis* doch noch einen Touch des Erotischen versehen (speziell in dem geschilderten ‚Ding‘, das ich hier das unsichtbare Ikon von Ψ nenne) der Fall ist (mehr dazu in Kapitel 10).

Die Frau?	Der Andere?	Das Ding?
X	Ort des Sprechens mit welchem man Liebe macht	Vakuole des Genießens
Die Sublimierung, um Die Frau zu erreichen (höfische Liebe, Idealisierung des Objekts)	Die Sublimierung, um das Genießen mit dem Trieb zu erreichen	Der Repräsentant der Repräsentation (Vorstellung)

Es betrifft all die drei in den Spalten aufgeführten Begriffe der obigen Abbildung: Die Frau als das was sie im Unbewussten vorstellt, D i e also, mit dem universalierenden Artikel geschrieben, wird hier dem *Anderen*, der etwas mehr männlich-väterlich charakterisiert zu sein scheint und dem ‚Ding‘, das beide verbinden könnte, gegenübergestellt.

Zuerst also in der Spalte links: Die Frau? und das X ihrer Absolutheit des Genießens (der ‚Jouissance‘) und (unten) der Schwierigkeit ihr Begehren zu definieren, was zu Sublimierungen wie denen in der höfischen Liebe oder in Idealisierungen ihres Wesens als ‚Objekt‘ des Eros und des Erscheinungs-Wirkenden führt, bzw. geführt hat. Sodann der *Andere*, Zentrum des Wort-Wirkenden, der wie oben gesagt kein vom Sexuellen her bestimmtes Ziel anvisiert (Freud sprach davon, dass der dabei genutzte Trieb ‚zielgehemmt‘ sei). Er ist etwas oder jemand Sublimiertes, etwas, das zur Sprache über die Liebe bestimmt ist, wie es der Dichter, der Mystiker, der Psychoanalytiker zur Anwendung bringt. Und schließlich (rechte Spalte) das ‚Ding‘, das reale Erscheinungs-Wirkende, die so schwer erreichbare ‚Jouissance‘, deren Platz in der Freud'schen ‚Vorstellungsrepräsentanz‘ (wie der Trieb, das Begehren im Psychischen repräsentiert ist) angesetzt werden könnte.

Zur Frau und zu Lacans Statement, dass es im Grunde genommen kein Geschlechtsverhältnis gibt, weil sich dieses nicht sagen, definieren, logisch erklären und gar quantifizieren lässt, sagt er weiterhin, „dass – man nicht weiß was das ist – D i e Frau. Sie ist in dem [psychoanalytischen] Laden unbekannt – außer, Gott sei Dank, durch Vorstellungen. Seit jeher hat man sie immer nur so gekannt. Wenn die Psychoanalyse rechtens etwas geltend macht, so dies, dass man sie nur durch einen oder durch mehrere Repräsentanten der Vorstellung kennt."[82] Gemeint ist die Tatsache, dass der Trieb im Psychischen durch eine Vorstellung, eine scheinbare Objektivierung, repräsentiert ist. Darin liegt bereits eine gewisse Verdrängung, die Ur-Verdrängung, die Unbestimmtheit, die natürlich zum x-ten Mal in der ersten Seite der Schnittstelle zu finden ist, wechselnd verdeckt durch die zweite.

„Es geht fürs Erste", so Lacan weiter, „nicht darum herauszufinden, ob die Frauen verdrängt sind, es geht darum herauszufinden, ob D i e Frau es ist, Die als solche, und warum nicht, an sich selbst, selbstverständlich. Dieser Diskurs ist nicht androzentrisch. Die Frau in ihrem Wesen, wenn das etwas ist und wir nichts darüber wissen: es ist ganz genauso verdrängt für die Frau wie für

---

[82] Lacan, J., Seminar XVI, Turia & Kant 82022) S. 268-269

den Mann." Wie immer ausgehend vom Diskurs, also von einer strukturell, wenn auch oft minimalst, sprachlichen Vermittlung, bedeutet diese Ur-Verdrängung auch eine worthafte Zurückweisung, eine Verleugnung. Die Verleugnung liegt nun nicht in dem, was Freud mit dem Begriff der ‚phallischen Phase' herausgearbeitet hat, die beide Geschlechter durchmachen, wenn sie zwischen dem dritten bis fünften Lebensjahr den Geschlechtsunterschied bemerken und anfangen eine Protzigkeit, einen Sexualstolz, eine Kraft zu fühlen, die jedoch erst in der Pubertät ihren Höhepunkt erreicht. Sie ist – wie schon erwähnt – für den Mann durch ein Haben charakterisiert, während die Frau es ist, aber eben abgedrängt, ohne vollen Bezug dazu, so Lacans Statement.

Das ist kein Mangel, die Frau ist kein kastrierter Mann, es haben nur Mann und Frau unterschiedliche Arten des Kastrations- oder Beziehungskomplexes, also eines dem Genießen von vornherein innewohnenden Haperns, wie ich schon eingangs formulierte. „Wenn man sich bezüglich des Genießens der Frau nicht mit dem vagen kleinen Leitschrott begnügen würde, der Ihnen von dem Freud'schen Vokabular bleibt, vielleicht würde dann etwas beginnen, sie auf eine nähere, direktere, haftendere Weise an dem zu interessieren, was es nicht mit dem Geschlechtsverhältnis – worüber Sie nicht groß etwas sagen können – sondern mit der Behandlung des sexuellen Genießens auf sich hat. Das Rätsel, das in den Augen mancher das Empfindungsvermögen der vaginalen Wand, der gewissermaßen an Grenzen verlaufende Charakter des weiblichen Genießens, all die Rätsel, die, man weiß nicht warum, auftauchen, wenn man die weibliche Sexualität untersucht, würden daraufhin wohl leichter mit der Topologie übereinkommen, der wir uns hier zu nähern versuchen."[83]

Hier wird wieder deutlich, dass die Psychoanalyse mit dem Erscheinungs-Wirkenden nicht viel anzufangen weiß, denn die Topologie ergänzt und verbessert zwar die genannten ,Vorstellungen', aber mehr nicht. Auch dass Lacan sagt, man wüsste nicht, w **a** s das ist, eine Frau, klingt etwas desavouierend. Müsste man nicht fragen, ,w e r ist eine Frau'? Die endgültige Lösung einer guten, gelungenen, reifen Kombination des Erscheinungs- und Wort-Wirkenden und der Beziehung zwischen Mann und Frau wird in dem obigen Schema wohl noch nicht ganz erreicht. Ich werde daher in Kapitel 10 eine veränderte Version dieses Schemas zeigen. Und warum eigentlich? Weil ich glaube dadurch mehr Interessenten für die *Analytische Psychokatharsis* zu gewinnen, die es kostenlos zu haben gibt. Sie kostet keinen Cent.

---

[83] Lacan, J., Seminar XVI. Turia & Kant (2022) S. 266-270

6. Virtuelle Schizoidie

Anfang der Zweitausender Jahre gab es im Internet ‚Second Life' zu bewundern. Man konnte am Computer zu Hause in eine virtuelle ‚Realität' eintauchen, sich dort Figur und Namen zulegen, mit anderen kommunizieren sowie Land und Gegenstände kaufen. Doch nach etlichen Jahren nahm die Zahl der Nutzer dieser digitalen Plattform deutlich ab. Inzwischen ist sie jedoch schon längst von der zigfach größeren Geisterwelt ‚Roblox' überholt, die – schon an der realen (!) Börse – bereits über vierzig Milliarden Dollar wert ist. Man darf sich nicht täuschen lassen, die Sache hat ihre Faszinationen, so wie es, gerade erst mal vor hundert Jahren, der Film in seinen geheimnisvollen und noch urgemütlichen Kinos auch getan hat. Und schon da hat man sich ein bisschen irrealisieren lassen, wenn einem das reale Leben zu monoton erschien.

Selbstverständlich handelt es sich bei ‚Roblox' um eine noch heftigere Realitätsflucht, aber wenn die andere Realität einfach die bessere ist, warum nicht dort die meiste Zeit verbringen? Na klar, einen Fuß muss man noch in der alten Welt lassen, wo es das Taschengeld oder die Rente gibt, die man nämlich leider auch noch benötigt, um das Spielgeld namens Rubox zu kaufen, mit dem man dann dort den Krösus spielen kann – oder auch nicht. Denn die Tücken des Lebens bestehen auch in der ‚virtuellen Realität'. Ja schlimmer noch, Sex darf nicht passieren, fremde Spieler können das Ganze durcheinanderbringen, auch wenn es zur Zeit (2022) schon 1600 Angestellte bei Roblox gibt, die Inhalte – wie es ja auch in den Sozialen Medien üblich geworden ist – auf eine Mindest-Anständigkeit überprüfen müssen. Man sieht und kennt die wahren Spieler ja nicht, die hinter der digitalen Fassade operieren und krumme Faxen machen. Das Ganze ist nicht sehr geistreich.

Zudem, vieles fehlt noch: man kann nichts schmecken und riechen, man kann keine Umarmung spüren, sondern nur so tun als ob, nicht wirklich schwimmen und die Sonnenwärme fühlen. Es ist ein Spiel, für Jugendliche vielleicht ein Spaß, der von den Eltern wegen nicht altersentsprechender Inhalte mehr überwacht werden muss als wenn sie mit Freunden auf eine Party gehen. Und für Leute über dreißig ist die Gefahr der zunehmenden Verblödung groß. Ich habe es nie verstehen können, dass erwachsene Männer, darunter auch angesehene Leute wie Minister in der Regierung, sich zu Hause ein Eisenbahnzimmer eingerichtet haben. Ein ganzes Zimmer nur zum Spielen mit Miniatur-Lokomotiven, -Wagons und -Haltesignalen! Sie regredieren auf die Stufe eines Zwölfjährigen! Manchmal stoßen die alten spielsüchtigen Männer Pfiffe aus wie es die alten Dampfloks getan haben und sprechen mit den Bahnhofsvorstehern aus Playmobil.

Mein Gott, einmal ein kurzes Spiel, vor allem, wenn es noch der Fitness dient oder dem Sozialkontakt, ist kein Problem. Aber eine zweite Welt, wenn es in der ersten so viele Probleme gibt, die zu lösen wären: Hunger bei zig Millionen, Kriege im Jemen, Kongo, Ukraine, etc., Klima- und Umweltkatastrophen, gesellschaftliche, politische Spannungen wohin man schaut. Vor einer derartigen desaströsen Kulisse kann man doch nicht den Kopf in gekünstelte Irrealitäten stecken. Gewiss enthält auch mein Verfahren der *Analytischen Psychokatharsis* einen Gefahrenmoment, wenn sich nicht sofort das einstellt, was man sich erhofft und man die Motivation verliert. Oder umgekehrt, wenn das Erscheinungs-Wirkende seine faszinierende Bilderwelt frei gibt, an die man sich dann selbst verlieren kann. So sucht der Schautrieb sich ein Objekt in Form heftigster Blickbilder, verliert sich aber darin in einer Bild-Blick-Folge, die eben keine Distanz, keine Ruhebetrachtung ermöglicht. Die Bild-Blicke schaffen sich ihre eigene Welt, mit der sie verschmelzen, selbstschöpferisch wie bei Roblox. Sie schaffen nichts Ikonisches.

Weder Ikonisches noch Rhetorisches schafft die neue KI von ChatGPT. Sie beruht wie auch das Übersetzer Programm DeepL und andere Bereiche von Deep Mind auf Wahrscheinlichkeits-Statistiken. Wie sich in Milliarden von Texten Worte lediglich nach ihrer Wahrscheinlichkeit zusammensetzen, genügt ChatGPT, um Abhandlungen, ja ganze Bücher zu schreiben, die keinen anspruchsvollen philosophischen Aussagen genügen müssen. Kennt das System einen Namen nicht, phantasiert es einen, wie es Das System kannte die Manager, aber die Biographien gab es gar nicht, das System erfand illustre Inhalte voller Kuriositäten und Blödheiten. Das Dumme,

Schüler und Leute mit wenig literarischen Kenntnissen fallen darauf herin.

Diese Welt zu zähmen gelingt dem Maler mit seinem eigenen Farb- und Form-Stil, in dem Ikonisches in seinen Gemälden einfängt, vor denen man dann auch einige Momente stehen bleibt, um sich – durch die Kunst immer noch gut distanziert – im Ikon des Künstlers beeindrucken zu lassen. In ganz erstaunlicher Form gelingt dies auch in sogenannten ‚luziden Träumen‘, in denen sich ein Ikon an andere reiht. Bekanntlich ist man sich darin so halb bewusst, dass man träumt und kann so den Rausch der Bilder, das Ikonische voll genießen (ikonisch deswegen, weil die Bilder kontrolliert erscheinen). Denn der kathartische Genuss des ‚luziden Traums‘ ist dem in der Hypnose ähnlich, und zwar aus dem gleichen Grund einer leichten inneren Distanz, wie ich sie auch für das Ikonische in der Meditation fordere. Ich gehe noch später darauf ein, dass hier das klein a der ‚Mehrlust‘ des Blicks in einer stabilisierten Beziehung zum Lacanschen großen A steht, so z. B. gezeigt in K. Reichs ‚Ordnung der Blicke‘. Man wacht vom luziden Traum schon nach kurzer Zeit wieder auf oder der Schlafwunsch überwältigt einen, indem man beginnt halluzinatorischen Unsinn zu denken, um wieder ganz in den Traumschlaf abzusinken. Aber einen Moment lang war es selbstschöpferisch.

Ich hatte vor vielen Jahren ein Phase, in der ich öfter in einen derartigen Traum geriet. Die Luzidität des Erlebten, Gesehenen und des irgendwie halbbewussten Zustands war faszinierend. In meinem Buch ‚Visionen: das anders herum von Liebe und Tod' habe ich beschrieben, wie in der *Analytischen Psychokatharsis* ebenfalls etwas derart Ikonisches, luzid Faszinierendes, Erscheinungs-Wirkendes in Reinform, durch die Anwendung der *Formel-Worte* im Punkt der ‚Vorstellungsrepräsentanz' eine Zeit lang in Distanz gehalten werden können. Dadurch lässt sich ein direkter Einblick ins Unbewusste tun, der auch die Ur-Verdrängung lösen kann und die nunmehr weiter folgende sprachlich-logische Bearbeitung der Komplexe ermöglicht. Die klassische Psychoanalyse muss um solche Vorgänge einen Riesenbogen machen, da sie so unvermittelte visuelle Ausdrücke als nicht erreichbar ansieht, wohl aber reichlich Theorien (Lacans Topologien) dazu entwickelt hat. Doch von der blanken Theorie lernt der Patient nichts und der Therapeut nur wenig.

Bekanntlich erklärte Freud seinen in genügend tiefer Hypnose befindlichen Patienten, sie sollten sich an Ort und Zeit des ersten Auftretens ihrer Krankheitssymptome erinnern. Dieser Vorgang dauerte oft lange und brachte nicht immer die gewünschten Resultate. Es war ein mühsames Vorgehen. Denn wenn sich die Patienten an Früheres erinnerten und dies in klaren Bildern, wie in kurzfristigen ‚Visionen' auch ‚sahen', also relativ authentisch imaginierten, war es meistens so, dass sie – wie schon berichtet – wieder aufgewacht, nicht alles so zur Verfügung hatten wie im hypnotischen Zustand. Sie erinnerten sich nicht mehr so genau, was sie in der Hypnose alles gesehen hatten und fühlten sich davon auch nicht so betroffen, wie wenn es sich um Realität gehandelt hätte. Sie hatten eine Art Film gesehen und sich im kathartischem Genießen erfahren. Auch das war ein Second Life Vorgang, doch was hat man von diesem, zu Recht auch virtuelles Second Life zu nennenden Vorgehen, wenn man sich nicht damit ernsthaft beschäftigt? Selbst wenn man es, wie Freud es versuchte, im Wachsein besprechen kann, um es in eine perfekte, gute Kombination mit dem realen Leben zu bringen, scheint nichts Konstruktives heraus zu kommen.

Freud stoppte also diese Ikonik und Lustgeschichte und ließ die Leute jetzt reden, was das Zeug hielt, um aus den Zwischentönen, den Versprechern, den erzählten Träumen die verdrängte Wahrheit heraus zu filtern. Ein Mindestmaß des Ikonischen, Lustvollen, konnte er noch in den Begriff der Übertragung hinein retten, indem der Patient – wie schon oben erörtert – Bedeutungen aus früheren und anderen Beziehungen auf ihn als einem ‚Subjekt, dem Wissen unterstellt wird‘, überträgt. Unterstellung / Übertragung, Erscheinungs-/Wort-Wirkendes, damit konnte man arbeiten, aber das Eindrucksvolle, das genussvoll Luzide wie in der hypnotischen Trance oder wie eben in der Meditation, konnte in seiner Blüte nicht mehr genutzt werden. Die Betonung auf das Rhetorische blieb der einzige Maßstab.

Zwar hat Lacan versucht durch die Hereinnahme der Topologie, der Einstein'schen Geometrie, der Knotentheorie und einer Art ‚weiblicher Wissenschaft‘ in Form vom mathematisierten Fadengeweben, auch dieses Ikonische zu betonen, aber es blieb eben Theorie, Abstraktion, nüchternes vereinfachtes, ineinander geschachteltes Formenspiel. Jedenfalls kann nur in der praktischen Verbindung, Vereinigung, des Erscheinungs-/Wort-Wirkenden das wahre und höchste Ziel in reifer, gelungener Form mit einem guten Leben und auch einem guten Tod, erreicht werden, indem das Phänomen der Verschmelzung das volle Luzide, die ‚Jouissance‘, hier einen brauchbaren Platz findet. Ich habe schon unter dem Begriff Spielereien in der Meditation erzeugte ‚Visionen‘ von Landschaften und ähnlichem, aber auch Lacans kuriose Wortspiele angeführt, und muss diesbezüglich nochmals darauf hinweisen, dass sowohl der luzide Traum wie auch das Ikonische, Visionsartige in der *Analytischen Psychokatharsis* als erscheinungs-wirkendes Isoliertes, nur eine, wenn auch wichtige, Nebenrolle spielen sollen und können.

Es geht eben um eine Erfahrung, die man gemacht haben sollte, um die enorme Wirkung des visuellen Feldes von Bild- und Blickhaftem zu kennen, aber dabei auch seine Grenzen zu spüren. Auch Versuche mit LSD, einem Halluzinogen, vermitteln einem dieses Visionsartige, doch die Erfahrung ist durch seine Künstlichkeit und Entfremdungswirkung nicht mit der authentischen Erfahrung in der *Analytischen Psychokatharsis* vergleichbar. Schließlich ist man es in der Meditation selbst, der die Nähe der ‚Jouissance‘ zum Tod authentisch kennen lernt, der also – wie manche sagen – das Sterben lernen kann, wenn es sich nach innen zurückzieht, nahe am psychoanalytisch ‚vollendeten Objekt‘. Das ist jedoch nicht wirklich vollendet, denn es ist nicht konstant.

Die Menschen sterben heutzutage nämlich so schlecht, vor allem die Psychoanalytiker. Schon Freud starb auf so schreckliche Weise, er litt jahrelang an Mundhöhlenkrebs wohl verursacht durch seinen lebenslangen massiven Zigarrenkonsum. J. Kollbrunner hat ausführlich darüber berichtet, wie viele wenig hilfreiche Operationen Freud durchmachen musste und wie am Schluss nur ein paar Morphiumspritzen seinem Leiden und Leben ein Ende machen konnten.[84] Bettelheim zog sich gleich eine Plastiktüte über den Kopf, Fenichel starb schon mit 48 Jahren an Übergewicht, Erschöpfung und Kampf um Anerkennung, und selbst der von mir geschätzte Lacan hatte keinen guten Tod. Früher hatte er Studenten verspottet, die nicht wissen, was eine Aphasie ist, erkrankte aber selber im Verbund mit anderen neurologischen Störungen daran und litt zum Schluss auch an einem verheerenden Darmkrebs, der wahrscheinlich mit zu viel gutem Wein und zu exklusivem Essen zusammenhing.

Kein Mensch lebt gut, wenn er digitale Welten braucht oder wenn er wie Jeff Bezos eine fünfhundert Millionen teure Jacht benötigt, für die man noch eine historische Stahlbrücke in Rotterdam abbauen und dann wieder aufbauen muss, weil sie so hoch ist, dass sie dort nicht durchkommt. Für dieses Geld hätte man für sämtliche Flüchtlingskinder auf dieser Welt, die unter entsetzlichen Umständen leben, perfekte Auffanglager bauen können. Natürlich ist der Vergleich lächerlich. Das Grauenhafteste wird es immer neben dem Herrlichsten geben, doch

---

[84] Kollbrunner, J., Der kranke Freud, Klett-Cotta (2001)

um all dies überhaupt aushalten zu können, sollte man nicht außerhalb von sich die zweite oder x-te Welt finden, sondern eine solche – wenn überhaupt notwendig – in sich selbst. Dort war man nämlich immer schon zu Hause, während die Second World oder die Roblox-Welt in einem nicht nur wie abgespalten, sondern auch verfremdend wirksam ist. Eine Einheit, ‚Einsheit' ist weit weg, vor allem im Konflikt um arm und reich..

Und damit kommt jetzt Marx ins Spiel, der nicht erkannt hat, dass die Reichen im Grunde genommen zu bedauern sind. „Es ist ganz und gar gewiss für einen Psychoanalytiker, dass es beim Reichen eine große Schwierigkeit gibt zu lieben. . . Gewiss ist, dass der Reichtum eine Tendenz hat, ohnmächtig/impotent zu machen. . . Der Reiche ist gezwungen zu kaufen, und um wieder die Macht/Potenz zurückzuerlangen, bemüht er sich, indem er kauft, zu entwerten. Das einfachste Mittel dafür zum Beispiel ist, nicht zu bezahlen. So hofft er, das hervorzurufen, was er niemals direkt erwerben kann, nämlich das Begehren das *Anderen*. . . Daher zwingt es den Reichen das Lieben zu verweigern. Er muss stets misstrauisch sein, dass man nur sein Geld will, und braucht den Hass und die Revolte gegen sich, um so wenigstens irgendwann einmal ein Gefühl zu erhaschen."

Die Liebesunfähigkeit und Impotenz der Reichen beweiskräftig herauszustellen, hätte möglicherweise die russische Revolution verhindert. Doch soweit dachte Marx nicht und der nur nach der Exekutivmacht lechzende Lenin schon gar nicht. Es hängt auch damit zusammen, dass sie beide von Liebe nichts verstanden, Marx betrog seine Frau mit der Haushälterin, die er zudem schlecht bezahlte, gab das so gezeugte Kind zur einer Pflegefamilie und auch sein Sohn bekam kaum etwas von Marx für seine Ausbildung. Im Gegensatz zu seinen Theorien handelte er kräftig mit Aktien, war ständig krank (Karbunkel, Leber- und Lungenerkrankungen) und unleidlich. Von seinen sieben Kindern, um die er sich kaum kümmerte, starben vier noch im Jugendalter. Und so war es erst Freud, der sich mit der Liebe beschäftigte, wenn es auch nicht gerade um die der Arbeiterklasse ging, sondern um die der Wiener Bohème.

Auch später – als die Zeiten für mehr freiheitlich Marxistisches offen waren – sind der Philosoph G. Deleuze und der Psychoanalytiker F. Guattari in ganz anderer Weise dahin gekommen, auch in der Materie Leben, Liebeskraft, Vitales, Amouröses und nicht nur Ökonomisches zu sehen. Sie waren mehr ökologisch-linkspolitisch und psychoanalytisch orientiert und erklärten, dass das Unbewusste durch die familiäre Struktur des Ödipuskomplexes zu sehr auf die Beziehung Vater/Mutter/Kind zurechtgestutzt wird. Die bürgerliche Repression bestehe nicht so sehr in der Ausbeutung der Arbeiterklasse, sondern eher darin, „die europäische Menschheit unter dem Joch von Papa und Mama zu belassen".[85] Das unbewusste Wünschen, das Begehren, der Trieb, sei im Grunde genommen nämlich „elternlos, es

---

[85] Deleuze, G., Guattari, F., Antiödipus, Kapitalismus und Schizophrenie I, suhrkamp wissenschaft (1977) S. 63

erzeugt sich selbst in der Einheit von Natur und Mensch".[86] Auch dies also wollten die beiden Autoren als etwas Selbstschöpferisches verstehen und daran näher sein als Freud und Lacan.

Auch wenn ich das doch ziemlich linksradikal Politische der beiden Autoren nicht teilen kann, aber die postulierte Einheit von Mensch und Natur ist nicht uninteressant. Diese Einheit, so schrieben sie, besteht aus Maschinen des Verlangens, des Begehrens und Wünschens (machines désirantes), wobei Maschine als etwas lebendig Pulsierendes zu verstehen ist. Mensch und Natur sind nicht einfach vorhanden, sondern einzig Prozesse, die das eine im anderen erzeugen und die Maschinen aneinanderkoppeln", die Einschnitte und Entnahmen ausführen, je nachdem wie sie „fließend", „trennend" und als „organloser Körper im ständigen Werden" kombiniert sind.[87] Hier ist also eine Mensch/Materie-Einheit herauszuhören, diesmal tatsächlich mehr auf der Basis einer gefühligen Subjektwissenschaft. Aber eine in der Praxis des Beziehungslebens brauchbare und hilfreiche Formel des Subjekts kommt nicht zustande.

Deleuze und Guattari entwickelten die Formulierung, dass strikter Kapitalismus und Schizophrenie korrelierende Vorgänge seien, deren verwerfliche Kombination man gesellschaftlich und therapeutisch angehen müsse.

---

[86] Deleuze, G., Unterhandlungen, Suhrkamp (1993) S. 29
[87] Deleuze, G., Guattari, F., Antiödipus, Kapitalismus und Schizophrenie I, suhrkamp wissenschaft (1977)

Doch sollte dies nicht in einer gewalttätigen und nur im Äußerlichen verbleibenden Revolution geschehen, sondern in einer Art von politischer Selbstanalyse: „Bildet Rhizome und keine Wurzeln, pflanzt nichts an! Sät nichts aus, sondern nehmt Ableger! Seid weder eins noch multipel, seid Mannigfaltigkeiten! Zieht Linien, setzt nie einen Punkt! Geschwindigkeit macht den Punkt zur Linie! Seid schnell, auch im Stillstand! … Habt kurzlebige Ideen. Macht keine Fotos oder Zeichnungen, sondern Karten".[88] Kling kurios und auch ein bisschen skurril und nicht gerade nach der Möglichkeit praktikabler Umsetzungen.

Deleuze behauptete, er habe nie Schizophrene gesehen, sondern nur ein allgemeines seelisches Gespalten-Sein, das aus dem Missverständnis der kapitalistischen Gesellschaft resultiert, und so muss eben alles überwunden werden, was Marx und Freud zwar anfänglich kreativ entwickelt haben, jedoch dann von ihnen und allen, die ihnen folgten verwässert, fehlgeleitet und verklemmt wurde. Doch war der Aufruf zur radikalen Erneuerung des Unbewussten durch Deleuze und Guattari fest in die Studentenrevolte der 68er Jahre eingebettet und von der damaligen Bewegung der Antipsychiatrie des Italieners Franco Basaglias mitbestimmt. Tatsächlich wurden in Italien die Nervenkliniken abgeschafft und vermehrt Pflegeeinrichtungen mit verstärkt sozialem und psychologischen Engagement gegründet, die bis heute bestehen

---

[88] Deleuze, G., Guattari, F., Tausend Plateaus, Kapitalismus und Schizophrenie I I, suhrkamp wissenschaft (1992)

(auch wenn es vereinzelt Nervenkliniken gibt und ähnliche Reformen auch in der Schweiz zustande kamen).

Vor kurzem diskutierte ich mit dem Chefarzt einer psychiatrischen Klinik über das Wesen der Schizophrenie und erwähnte Guattaris und Deleuzes Thesen. „Absoluter Quatsch," meinte der Psychiater, „die Schizophrenie ist ausschließlich genetisch bestimmt, höchstens bescheidene epigenetische Phänomene können eine zusätzliche Rolle spielen." Er wies aber auch darauf hin, dass bei eineiigen Zwillingen nur in fünfzig Prozent der Fälle beide an Schizophrenie erkranken. „Also muss es noch andere Ursachen geben," konterte ich. „Lacan macht die Verwerfung, Löschung des Vater-Prinzips, also nicht nur die neurotische Verdrängung der Aggression gegen den Vater im Ödipuskomplex, sondern eine radikale Tilgung jeglicher Obrigkeit und väterlicher Nomination für die Psychose verantwortlich. Die Kranken kennen daher Kein Wort, keinen Namen, nicht einmal ein Ikon, was sie halten könnte."

Er halte davon nichts, kommentierte der Psychiater meine Worte. Zur Identität stünden dem Schizophrenen ja andere Personen zur Verfügung. Die Krankheit gäbe es seit hunderttausenden von Jahren. „Aber es geht ja nicht um Personen, sondern um die Kombination psychischer Grundkräfte des den symbolischen Vater gekennzeichnenden ‚Ein', Eins, l'Un," setzte ich schließlich noch zuletzt im Französischen dazu. Allein das kombinatorische Element von zwei Grund-Intentionen (egal ob Maschinen, Signifikanten oder mathematische Mengen) wie dem Erscheinungs- und Wort-Wirkendem, schien mir – so mein Schlusswort – konkret genug zu sein, um eine Subjektwissenschaft kreativ zu gestalten. Dabei würde ich genetische Ursachen nicht leugnen, aber therapeutisch sei das Psychoanalytische sinnvoller, weil aufs Subjekt Mensch bezogen, als nur chemische Medikamente, doch den psychiatrischen Chefarzt überzeugte das nicht.

Ganz so schlimm steht es um die Psychoanalyse nicht, aber Lacan sagt ganz klar, dass die Psychoanalyse bestimmte Grenzen hat, weil wir „eben eine Kultur sind, deren Achse durch die Neurotiker konstituiert ist."[89] Also durch die, die sich für zwei halten ohne es zu merken, die Sklaven sind, die sich Herren halten und Persönlichkeits-Gestörte, die sich ihrer vielen ‚Mehrlüste' nicht mehr erwehren können. Es braucht also etwas die Psychoanalyse Ergänzendes, und damit kann ich nochmals auf dieses von Deleuze und Guattari genannte Etwas zwischen Mensch und Natur zurückkommen, das mich natürlich stark an das Erscheinung-Wirkende und Ikonische erinnert.

Es gibt eine ganze Reihe von Autoren, die von einer mehr philosophisch-feministischen Seite her das Problem eines Unbewussten als Erscheinungs-Wirkenden zwischen Mensch und Natur bearbeitet haben. Diese Autoren wie z. B. E. Coccia oder Jane Bennet fangen an, sogar in der trockensten Materie nach

---

[89] Lacan, J., Seminar XVI, Turia & Kant (2022) S. 433

dem Leben zu suchen,. Die zentrale These der letzteren Autorin lautet: „Materie ist aktiv – und sie hat bisweilen sogar politische Handlungsmacht. . . Wann sollte diese Aussage [dass die Materie lebt] plausibler sein als heute, wo ein kleines Virus die ganze Welt in Atem hält?"[90] „Ist das Virus nicht der Prototyp des viral Materiellen, indem wir es in seine RNA, Spike-Proteine und seine Moleküle, genauso zerlegen können wie eine Harley Davidson, wobei das Virus aber dann die eigenwilligste Lebhaftigkeit entwickelt, es also handelt"?[91] Aber sind es nicht einfach die Überbevölkerung, die Slams der Großstädte und die schon ziemlich fortgeschrittene Umweltzerstörung, die den gewiss lebendigen Viren die hemmungslosere Vermehrung ermöglicht hat?

Der Philosoph E. Coccia geht mehr von einer Art sechstem Sinn aus, von etwas Könästhetischem, Innerkörperlichem, das der Philosoph D. Heller-Roazen den ‚Inner Touch' nannte, ein Gemeinschaftsgefühl, oder wie es der Psychoanalytiker N. Sygmington ausdrückte: die ‚Thathood', die Dasheit, die sie Menschen existenziell verbindet. Ich könnte noch zahlreiche andere Autoren anführen wie den erst kürzlich verstorbenen B. Latour oder etliche Schriftsteller aus dem Bereich der Soziologie, die alle diesen engen Zusammenhang von Mensch und Natur beschreiben und beschwören. Ich darf ‚beschwören' sagen, denn es klingt bei allen wie eine Bitte ans Univer-

---

[90] Bennett, J., Lebhafte Materie. Eine politische Ökologie der Dinge, Matthes & Seitz (2020)
[91] Roedig, A., Deutschlandfunk Kultur, Lesart vom 25.6. 2020

sum, es möge doch dieses ‚Ein' eines Lebensgeistes geben, das das komplizierte ‚Ein' ◆,Ein' Lacans, die eine Eins, die eine Null repräsentiert für eine andere Eins, vereinfachen würde. Kurz: Es braucht etwas Praktisches, etwas die Psychoanalyse Ergänzendes, und damit kann ich wieder auf mein Verfahren der *Analytischen Psychokatharsis* verweisen.

Es rollt den Diskurs sozusagen von der anderen Seite her auf, von der mehr erscheinungshaften, rhythmischen, ikonischen her, ohne inflationär zu werden oder zu spekulativ, zu gesellschafts-politisch und zu schwärmerisch-beschwörend zu sein, indem die *Formel-Worte* den Übungsvorgang stabil halten und das Unbewusste zum Wort-Wirkenden hin öffnen. Die *Formel-Worte* bestehen aus Überlappungen mehrerer disparater, also unterschiedlichster Wort-Bedeutungen, die so in einem Zug geschrieben und gelesen nichts sagen. Sie sind überdeterminiert, durch die Überlappung sagt sich nichts mehr aus, aber man weiß wie sie aufgebaut und konstruiert sind. In der nebenstehenden Abbildung ist erneut eine derartige Formulierung im Kreis geschrieben dargestellt. Auch wenn sie so gelesen keine Bedeutung ergibt und keinen Sinn ausweist, ist sie eben für jeden verständlich aus mehreren Bedeutungen aus der lateinischen Sprache aufgebaut. So überlappen sich in ENS – CIS – NOM die Bedeutungen entsprechend den B(r)uchstaben, den

Schnittstellen zwischen den Buchstaben, was besonders bei einer Kreisschreibung sichtbar wird.[92]

Geht man einmal vom M oben links aus. So heißt MENS CIS NO, der Gedanke diesseits, innerhalb von No, vom N ausgehend: NOMEN SCIS, du kennst den Namen, OMEN SCIS N, du kennst das Omen N, CIS NO, MENS, diesseits schwimme ich, oh Geist. ENS CIS NOM, das Ding diesseits von Nom, C IS NOMEN S, hundert dieser Name S, usw. So unsinnig einzelne der Bedeutungen auch sind, sie sind doch grammatikalisch und syntaktisch normal und sogar auch semantisch in Ordnung. Der Sinn dieser Formulierung besteht ja gerade darin, dass sie zusammen- und übereinandergelegt keinen vordergründigen Sinn parat hat, sondern überdeterminiert ist und nur das Unbewusste anregt, ja provoziert, torpediert, einen Sinn heraus zu geben, vor allem, wenn man mehrere, hintereinander gesetzte, derartige *Formel-Worte*, meditiert.

Es geht ja um den völlig durchformalisierten Diskurs, nicht den alltäglichen sozialen oder mathematischen, linguistischen, logischen, etc. , sondern um den durchge-

---

[92] Oudee Dünkelsbühler, U., Zeugnis und Schrift: B(r)uchstaben an der Couch, Les Etats Généraux de la Psychanalyse (2001). Der Begriff B(r)uchstaben erscheint mir eine ideale Formulierung für diese zerstückelte Schreibweise der *Formel-Worte* zu sein, indem sie „Buch" (Lettern, Text) mit „Staben" (Linien, Textur) genau durch das ihnen eigene Element verbindet.

arbeiteten, indem er mehrere Bedeutungen in einem Schriftzug enthält, also überdeterminiert, chaotisch, durcheinandergewürfelt und doch in einem Schriftzug – Selbstschöpfung bewirkend – zu lesen ist. Ein bisschen Schizoidie gehört zum Selbstschöpferischen wohl immer dazu. Und so muss man ja auch nicht von diesem wie schizoid quergestrichenen *Anderen* aus gehen, sondern vom „un Autre", vom Ein-Anderen, vom „l'un du signifiant", vom Ein des Signifikanten, das im *Anderen* „inscrit", eingeschrieben ist, wie Lacan schreibt. „Das ist eine notwendige Bedingung dafür, dass das Subjekt sich daran klammert, und auch eine schöne Gelegenheit, um sich nicht an das zu erinnern, was die Bedingung dieses Einen ist, nämlich der *Andere*." So hört sich eben die gekonnte Schizoidie an, eine Gespaltenheit, die die Menschen zwar nicht beherrscht, sondern die man wie Deleuze und Guattari nutzen kann, auch wenn sie mit ihrer ‚Schizoanalyse' (so nannten die beiden ihr Vorgehen) niemanden heilen konnten.

Der Arzt und Psychoanalytiker F. W. Deneke beschreibt sehr genau die Existenz des Erscheinungs-Wirkenden, des Ikonischen, in Form sogenannter ‚sinnlich-anschaulicher Erinnerungsbilder', ja gar von personalen ‚Urbildern', die im Unbewussten schlummern, weil sie verdrängt, abgespalten oder nur in zerstückelter Form bewahrt sind.[93] Derartige Bilder werden schon allein durch das *Strahlt*-Phänomen in der ersten Übung der

---

[93] Deneke, F-W., Psychische Struktur und Gehirn, die Strukturierung subjektiver Wirklichkeiten, Schattauer (1999

Analytischen Psychokatharsis in einer gewissen Distanz gehalten, wie ich es bereits beim luziden Traum – in etwas anderer Form – beschrieben habe. Denn das Erstaunliche besteht ja darin, dass man trotz des halluzinatorischen Charakters dieser Traum Art nicht verrückt ist, sondern in einer gewissen Schwebe gehalten wird,. Genauso – wie betont – halten einen die *Formel-Worte* auf Distanz in den meditativen Übungen.

Man wird bei der Anwendung des analytisch-kathartischen Verfahrens von den *Formel-Worten* über diese inneren Bilder hinweggeleitet. Freilich – wie ich im nächsten Kapitel erläutern werde – kann man in der Meditation auch bei derartigen Distanzbildern verweilen, haben sie doch besonders mit dem Selbstschöpferischen zu tun. Letztendlich aber erfasst man den Zusammenhang mit ihnen erst im *Pass-Wort*, das eine analytische Lösung ermöglicht, für die man in der klassischen Psychoanalyse oft hunderte von Stunden benötigt hätte. Das ebenso selbstschöpferische Hinübergleiten ins *Pass-Wort* trägt – weil auch eine klare analytische Aussage nötig ist – zur endgültigen Lösung bei.

Schon die Erfahrung, dass man in der Meditation trotz der Nähe des Traumas über selbiges hinweggehen kann, ist äußerst hilfreich. Ich habe oft mit den *Formel-Worten* selbst somatoforme Schmerzen beseitigen können, die ich als ein körpernahes Distanzbild auffasse, wenn ich diese Formulierungen mit Intensität, zwar rein gedanklich, aber doch mit verstärkter Intention ausgedrückt geübt habe. Man muss sich das Ganze so vorstellen, dass einerseits im meditativen Teil des Verfahrens vieles weiter in Verdrängung gehalten wird. Bekanntlich kann man auch positiv, gelungen verdrängen, sozusagen vergessen, was aber erst nach langer Zeit erreicht wird. Mit anderen Worten: im meditativen Teil wird Verdrängtes zuerst einmal nicht bearbeitet, mit den *Pass-Worten* im analytischen Teil findet diese aber in einer ausreichenden und evtl. noch nachzuarbeitenden Form statt, wie ich es jetzt an dem versprochenen Beispiel zeigen kann.

Es geht um eine Probandin, die mit der Methode der *Analytischen Psychokatharsis* schon längere Zeit geübt hatte, sich aber auch in psychoanalytischer Literatur auskannte, weil sie Psychologin war. Nachdem sie in einer ersten Übung ein paar *Formel-Worte* rein gedanklich wiederholt und eine befreiende Luzidität (Blick-Bild-Wirkendes, das Es *Strahlt,* ‚Lichtpunkt') wahrgenommen hatte, konzentrierte sie sich in der zweiten Übung auf den ‚Laut' (das *Wort-Wirkende*, das Es *Spricht*). Wie von ferne kommend, leise, aber doch klar, vernahm sie nach einiger Zeit der Meditation den Spruch: „Schwarz gehört"!

Schwarz gehört!? Gibt's das!? Die Psychologin fühlte sich schon allein von der Tatsache, dass es ein inneres Hören gibt, überwältigt. Und dann: Schwarz gesehen, so etwas sagt man schon öfter, aber schwarz gehört! Na klar, sagte sie mir, „man kann schwarz fahren, schwarz Geld umtauschen und eben auch schwarz hören, denn genau das ist es doch: es geht in der Meditation nicht um das normale Hören mit dem Ohr, auch nicht um das Hören mit dem ‚Dritten Ohr' wie es der Psychoanalytiker T. Reik einmal formulierte." Hören verbotener Radiosender, speziell der Feindsender war im Krieg ein ‚Rundfunkverbrechen' und auch heute noch gibt es an Universitäten Schwarzhörer, die in unerlaubte Vorlesungen gehen oder solche, die verbotenerweise Telefone abhören.

Doch bei meiner Probandin ging es um etwas anderes. Ich versuchte es ihr mit dem Begriff der „Echos des Körpers" zu erklären, doch ihr fielen selbst die wichtigen Dinge ein, die sie wohl mehr oder weniger ‚schwarz gehört', die sie aber auch selbst verbreitet hatte, nämlich all die Intrigen, Mauscheleien und die hinter vorgehaltener Hand geflüsterten Sätze. Sie waren doch nichts anderes gewesen als im Schwarzdunklen getauschte Kommunikationen. Man hätte sie nicht hören und sprechen sollen, so wie man auch die ins Unbewusste hin verdrängten Gedanken und Bedeutungen nicht hören will. Wer will schon die eigenen, niedrigen, unguten Gedanken hören, die man bei sich nicht mag.

Niemand sitzt dabei, wenn man beim Meditieren etwas in sich hört, und doch handelt es sich um etwas ernsthaft Gesagtes. ‚Hast du etwas heimlich, also schwarz gehört', fragte sich meine Probandin schließlich und fühlte sich dadurch weiter überwältigt. „Ich habe mich ertappt gefühlt, aufgeschreckt, und tatsächlich fiel mir ein, dass ich als Kind ein Gespräch meines Bruders belauscht habe, und das hatte alle möglichen Konsequenzen", berichtete sie. Für mich war aber vor allem interessant, dass sie selber meinte ein ‚Schwarzhören' sei ja auch die Meditation, in der man ins Dunkel hinein nicht nur zu sehen versucht, sondern auch heraus etwas hören kann. Und so bestätigte mir die Patientin auch, dass sie anfänglich einen Widerstand gegen das Meditieren gehabt habe, aber dadurch, dass das Unbewusste fähig ist derart originelle Deutungen heraus zugeben, die Sache anders sehe.

7. Resümee

Ich muss ein Resümee ziehen, auch wenn ich noch zum Schluss ein Kapitel über das ‚Ding' anhänge. Ich glaube, die Menschen haben den Zeitpunkt verpasst, an dem sie noch etwas fürs Klima, die Umwelt und den Frieden auf der Welt hätten tun können. Man muss bei sich selbst anfangen, um noch einigermaßen gut um die Runden zu kommen und leben zu können. Aber kann der Einzelne überhaupt etwas bewirken, außer dass er Not überlebt un alle paar Jahre seine Stimme abgibt? Oder Rückzug in Meditation, bringt es das wirklich? Ein Studium der hochintelligenten Seminare Lacans, kann man es überhaupt empfehlen? Haben es schon die meisten seiner Zuhörer kaum verstanden, dann werden es neunzig Prozent der Menschen, speziell psychoanalytische Laien nicht verstehen, auch nach zweimaligem Lesen nicht.

Ich zitiere hier einmal einen Absatz aus dem VIII. Seminar über den sogenannten Oraltrieb, der Assimilierungslust, von der ich eingangs geschrieben habe. Es ist das klein a, das aus den Anfängen des Lebens stammt, wo trotz Stillung des Nahrungsbedürfnisses das Kind den Daumen in den Mund nimmt (und tausend andere Dinge) um mit dem Kitzel, der Berührung, und der Lust der Verschlingung des ersten Anderen alles in sich hinein zu nehmen. Lacan erklärt dies so: „Was ist ein oraler Anspruch? Das ist der Anspruch genährt zu werden. . . . Beim ersten Konflikt, der in der Nährbeziehung ausbricht, in der Begegnung des Anspruchs, genährt zu werden, und des Anspruchs sich nähren zu lassen, wird deutlich, dass über diesen Anspruch ein Begehren hinausschießt – dass der Anspruch nicht befriedigt werden könnte, ohne dass dieses Begehren darin erstirbt – dass, damit dieses Begehren, das den Anspruch überschießt, nicht darin erstirbt, das Subjekt, das Hunger hat, sich davon, dass auf seinen Anspruch genährt zu werden, der Anspruch antwortet, sich nähren zu lassen, sich nicht nähren lässt und sich gewissermaßen weigert, deshalb als Begehren zu verschwinden, weil es als Anspruch befriedigt wird – dass die Auslöschung oder Erstickung des Anspruchs in der Befriedigung nicht zustande kommen könnte, ohne das Begehren abzutöten."

Gut, Lacan erklärt schon zuvor, dass ‚genährt werden‘ und ‚sich nähren lassen‘ zwei Ansprüche sind, die – wie ich schon schrieb – im Losreißen vom Bedürfnis das Begehren als klein a erzeugen, das eben den typischen Freud’schen Sexual-Charakter hat, der – nochmals Hinweis auf Nietzsche – Lust ist, die Ewigkeit will. Der Daumen stellt für das Kleinkind nicht ein Stück Brot dar, sondern das ‚Mehrlust-Objekt‘ als etwas für immer Assimilierbares, als etwas Kannibalisches, auch wenn es nie wirklich assimiliert wird oder werden kann. Eben deswegen ist das Begehren, die Lust, symbolisiert als Φ, eigentlich ein lästiger Begleiter des Lebens, obwohl es nicht so schlimm ist, wie mein Meditationslehrer einmal sagte: „Enthaltsamkeit ist das Leben, Sexualität ist der Tod." Das ist sinnlos pauschal formuliert, wo doch jeder weiß, dass es ohne Sexualität kein Leben gäbe.

Und so finde ich mich am Ende erneut gespalten zwischen Psychoanalyse und Meditation, würden nicht die *Formel-Worte* existieren und die ihnen zugehörigen *Pass-Worte* die Situation retten. Denn mit ihnen allein wird die Psychoanalyse vereinfacht und verkürzt, wenn auch nicht ohne deren Leiden. Die *Formel-Worte* sind das klassische Lacansche Konstrukt, die Überlappung der Signifikanten, die Überdeterminierung der Traumgedanken bei Freud, der – wie ebenfalls Lacan sagt – „linguistische Kristall" des Unbewussten. Linguistisch steht für das Wort-Wirkende, Kristall, kristalline Struktur für das Erscheinungs-Wirkende. Alle wesentlichen Grundelemente sind da, man muss sie nur gedanklich üben, damit das Unbewusste sie auch sprachlich, als *Pass-Worte* herausgeben kann. Statt der Person des Analytikers sind in der *Analytischen Psychokatharsis* die *Formel-Worte* das Übertragungs-Objekt!

Lacan schildert mehrmals wie sehr der Psychoanalytiker selbst der größte Widerstand gegen die Aufdeckung der Wahrheit beim Patienten ist. Schuld ist, dass er selbst nie vollends analysiert ist und dass er auch oft durch und mit seiner Gegenübertragung ein Hindernis darstellt. Der Psychoanalytiker überträgt als Reaktion auf die Übertragung – auch dessen Übertragungsliebe genannt – des Patienten selbst unklar bleibende Bedeutungen wieder auf den Patienten zurück. Er kann eine Anspannung in sich spüren, aber daraus eine Deutung für den Patienten zu machen – was man versucht hat – ist genau so problematisch wie die geschilderten ‚semiotischen Ummantelungen‘ der im Kapitel 1 zitierten PSYCHE Autoren.

Wenn nun in der *Analytischen Psychokatharsis* die Formel-Worte das Übertragungsobjekt sind, denn sie ersetzen ja den physisch anwesenden Therapeuten, wird es auch Widerstände diesbezüglich geben. Dies ist sogar verständlich, weil die einzelnen, sich überlappenden Bedeutungen im *Formel-Wort* und auch der Gesamtausdruck etwas seltsam anmuten. Auch die Art, wie ich den wissenschaftlichen Hintergrund des Verfahrens beschreibe, kann Widerstände auslösen, schließlich bin ich kein begabter Schriftsteller.

Aber ich war gezwungen, der Praxis des von mir entwickelten Verfahrens der *Analytischen Psychokatharsis* einen theoretischen Rahmen zu geben. Wer würde – wie ich bereits anmerkte – dieses Verfahren ohne fundierte Hintergrundkenntnisse anwenden und umsetzen? Ich habe mich als Wissenschaftler (Psychoanalytiker) dargestellt, und dies auch mit Abhandlungen, Büchern, Vorträgen etc. belegt. Vorträge hielt ich in den neunziger Jahren im Kulturzentrum Gasteig in München, Bücher habe ich etliche veröffentlicht und zudem konnte ich auch noch ein bisschen den Guru Bonus einsetzen: diejenigen, die mich aus meiner ärztlichen und psychoanalytischen Praxis kannten, vertrauen mir und der Methode der *Analytischen Psychokatharsis* auch so, vor allem, wenn ich Einführungsabende veranstaltete. Aber ich selbst lege das Hauptgewicht auf die schriftlichen Veröffentlichungen und die Wirksamkeit des Verfahrens.

Denn bereits die Resultate der ersten Übung sind oft schon überzeugend. Es ist ja auch nicht schwer zu verstehen, dass nichtssagende Wort-Formeln – hat mal einmal den Widerstand dagegen überwunden – in der Stille gedanklich geübt, sehr schnell und gerade im Unbewussten etwas bewegen. Dazu ist freilich wichtig, dass Vertrauen und Überzeugung in die *Analytische Psychokatharsis* vorher erreicht sind, wenigstens bis zu einem gewissen Ausmaß. Trotzdem ist das Gleiten in die Tiefe und Weite des Unbewussten, auch wenn es sofort eine deutliche Entspannung, Befreiung und Katharsis verursacht, nicht das eigentliche Ergebnis des Verfahrens. Zur meditativen Erfahrung der ersten Übung, die hauptsächlich dem Erscheinungs-Wirkenden gilt, gehört auch bereits die der Theorie Lacans folgende Bedeutungsüberlappung der *Formel-Worte*, deren letztliche Wirkung aber erst in der zweiten Übung mit dem Auftauchen der *Pass-Worte* als elementar Wort-Wirkendem erfolgt.

Um diese zu erklären führe ich am besten erneut ein Beispiel an. Ein *Pass-Wort*, das ich erst vor einiger Zeit selbst erfuhr, als ich kurz in der Meditation saß und plötzlich fast als ganzen Satz – wie von ferner Tiefe her kommend – in mir hörte: ‚Bist mein geübter Sohn!‘ Geübter Sohn? Wenn auch wie von ferne, so war der Satz, der Gedanke, doch klar zu vernehmen. Zuerst dachte ich an den Satz, den die Taube vom Himmel her verlauten ließ, als Jesus von Johannes dem Täufer getauft wurde: ‚Du bist mein geliebter Sohn, an dem ich mein Wohlgefallen habe!‘ So etwas Wunderbares ist mir nie gesagt worden, weder von meinen Eltern, Lehrern, noch von den Chefärzten der Kliniken, in denen ich gearbeitet habe und natürlich schon gar nicht von meinem

Lehranalytiker (das wäre ja auch fachlich völlig falsch gewesen).

Aber der Wunsch, so etwas zu hören, war so halb bewusst schon immer mal so da gewesen. Schließlich arbeite ich an dem Verfahren der *Analytischen Psychokatharsis* schon seit dreißig Jahren neben Familie, Beruf und anderen Aktionen. Da könnte mir – wenn ich das ein bisschen süffisant so sagen kann – doch mal einer etwas mehr Anerkennung geben. Gewiss habe ich einige Schüler, Probanden, die das Verfahren schon längere Zeit ausüben. Aber – wie man so sagt – der Durchbruch fehlt vielleicht noch. Nun war ja nicht die Rede vom ‚geliebten Sohn‘, was wohl zu pathetisch, egomanisch und äußerst peinlich gewesen wäre. Mir genügte, dass ich nur der ‚geübte Sohn‘ sei. Zudem war schnell klar, dass das Üben sich auf mein Verfahren der *Analytischen Psychokatharsis* bezog, auch wenn der Ausdruck in Verbindung mit dem Wort ‚Sohn‘ etwas spaßig erschien. Vielleicht gar ironisch?!

Dass der Sohn in der Beziehung zur Mutter psychoanalytisch gesehen eine besondere Rolle spielt, habe ich in den Eingangskapiteln (Freuds ‚kleiner Hans‘) beschrieben. Bei den Hinweisen auf den Ödipuskomplex habe ich auch auf den Vater verwiesen, der den Sohn symbolisch, das heißt aber klar und deutlich, die Mutter verbieten muss, was mein Vater schon durch seine rigorose Strenge auch wortlos vermittelt hat. Mein Meditationslehrer war – wie vorhin zitiert – ebenfalls ein eher kastrierender Vater, dennoch habe ich mir Einiges an phantasiert abstrusen Dingen erlaubt, das keinem Vater gefallen würde, schon gar nicht Gott-Vater, so es ihn gibt. Doch nun sagt **A** zu mir, ich sei ‚geübt‘. Geübt in diesen unsinnigen, vielleicht sogar obszönen Dingen – sozusagen spöttisch formuliert? Oder nunmehr geübt in der Meditation und in der Wissenschaft v o m Subjekt? Auf jeden Fall selbstschöpferisch in Bild und Ton?

Denn es kann alles bedeuten, **A**, der *Andere* ist lobend, strafend, verführend, nichtend, egalisierend, etc., etc., aber er ist doch wenigstens **A**, zuverlässig, partnerschaftlich, unverwüstlich. Er ist nicht der ‚liebe Gott‘, der die Milliarden von Söhnen lieben würde, die es gegeben hat, gibt und geben wird. Er ist kein realer Vater, aber ein wort-erscheinungs-wirkender Jemand oder Niemand, genau der/das *Andere*, den/das man braucht. Vor allem kann er sprechen, wenn es auch die „Sprache des Anderen" ist, wie Lacan konstatiert. Sprache des *Anderen*, das war auch das Delphische Orakel, doch hatte dieses keinen psychoanalytisch geklärten Hintergrund. Es war mythisch, magisch und bezog sich nicht auf das Unbewusste eines jeden selbst, das aus den Prägungen und Konflikten der Kindheit, aus den Stellungnahmen von Generationen und all den täglichen Verdrängungen besteht, die man sich zumutet. Die im Orakel tätige Priesterin Pythia musste sich in Schwefeldämpfen einlullen und gab Formulierungen von sich, die von ihren Priesterkollegen ihr schon in bisschen suggeriert und dann auch noch in ein einigermaßen verständliches Griechisch umgewandelt werden mussten.

Dieser Vorgang kann in der *Analytischen Psychokatharsis* von der übenden Person alleine bewältigt werden,
und er funktioniert auch ohne Schwefeldämpfe. In der
ersten Übung gerät man zwar nicht mehr hörig dem
Lautklang der Stimme des Therapeuten ins Unbewusste
wie bei Freuds Hypnosen, doch die Stimme der *Formel-
Worte* bewirkt das Gleiche, doch man kann ihr nicht im
Sinne eines ‚Mehrlust-Objekts' verfallen, wie das in der
Hypnose der Fall war. Vielmehr verbleibt man in der
Schwebe der Katharsis, ja exakt in der Freud'schen
‚gleichschwebenden Aufmerksamkeit, in dem halbwa-
chen Zustand, der nicht aufhört, solange man übt und in
der die psychische Organisation darauf wartet, welche
Lösung sich ergibt. Denn die *Formel-Worte* sind ja neutral, so öffnen der Selbstschöpfung Tür und Tor.

Dennoch ist das Genießen beteiligt, denn wie in der
Hypnose ist man befreit von allen mühevollen Gedanken, gerade die Unbestimmtheit der Formel-Formu-
lierungen steigert das Empfingen von der Lust zur
‚Jouissance', an deren kathartischen Höhepunkt oder
auch lediglich körperhaften Erscheinen manchmal bereits *Pass-Worte* von selbst auftauchen, die dem Ganzen
eine Lösung, Klärung und letztliche Befreiung geben.
Kommt es nicht von selbst schon in der ersten Übung
dazu, wird – wie schon angedeutet – eine zweite Übung
angehängt, nämlich das nach Innen-Hören, bzw. das
Lauschen auf den inneren Laut, Klang, Ton, der primär
ist. In sogenannten schallschluckenden, abgeschirmten
Räumen, wie sie von Wissenschafts-Akustikern genutzt
werden, nimmt man sehr schnell solche Phänomene

wahr, die eben sonst vom Lärm der eigenen Empfindungen und Gedanken, sowie vom Lärm der Welt völlig übertönt sind. Dieser innere Ton, den die Akustik-Forscher auch den ‚Klang des Nichts' nennen, ist die Schiene, die nunmehr vom kathartischen Es *Strahlt* des Erscheinungs-Wirkenden zum Es *Spricht* des Wort-Wirkenden in **A** führt.

Man kann sich zur Meditation hinsetzen und die gähnende Leere, das Dunkel, das Nichts, kurz: das doch offensichtlich mehr unsichtbare und doch bildhafte ‚Ding' – im vollen Vertrauen auf die wissenschaftliche und mit Logik begründete Sicherheit – auf sich wirken lassen, indem man ganz eng, ganz konzentriert bei der gedanklichen Wiederholung der *Formel-Worte* bleibt. Wenn man sich vom Bildhaften, ‚Oszillierenden', nicht völlig ablenken lässt, nähert man sich mehr und mehr dem Realen. Wie gesagt, es kann bereits ein kathartischer Moment, eine Luzidität, ein Schimmerndes Etwas sein, das als erstes erfahren wird. Aus der Tiefe taucht auch manchmal so etwas wie ein Fallgefühl oder gar Seufzer auf, ein aus der Tiefe kommendes, unbewusstes Aufatmen. Solch ein Seufzer, ein derart unbewusster, automatischer Atemlaut, wie ich ihn öfters in einer Meditationsgruppe bei anderen, aber auch bei mir beobachten konnte, bedeutet gleichermaßen eine Annäherung ans Reale (vielleicht auch ans Reale des ‚Dings').

Es handelt sich nämlich nicht um ein gemachtes, selbstmitleidiges Seufzen, sondern um ein kaum vernehmbares Klagen, ein Aufstoßen der Erleichterung, der loslöst und direkt aus dem Realen her auftaucht. Offenbar hat es etwas mit einer Regression in diese ganz frühe Kindheit zu tun, die in der herkömmlichen Psychoanalyse nicht erreicht wird, die aber wichtig für die gänzliche Öffnung des Unbewussten ist. Es verhält sich also genauso wie es beim Kleinkind im „Grundrhythmus eines ersten Wimmerns und seines Nachlassens" auftritt, das einem ursprünglichen, bereits phonematischen ‚Laut' aus dem Realen entspricht, wie Lacan erwähnt.[94] Dieses Wimmern ist noch nicht Anruf, Anspruch des Kindes an den Anderen, an die Mutter zum Beispiel, wie eingangs berichtet, sondern unmittelbares Reales, sein Weh, sein Ach, sein Schmerz, aber auch die Ebene der flüchtigen Erfahrung seines ‚Dings'. So bedeutet wohl auch der Seufzer in tiefer Meditation keine markerschütternde Klage, sondern eher ein elementares Gefühl, dem Auratischen des ‚Dings' nahe gekommen zu sein.

Auch eine plötzliche Verschiebung im Körperbild, z. B. das eigene Herz, die Brust, wie ein Nach-Oben-Ziehendes' oder das oszillierende Nach-Unten-Durchrieseln des im basalen Körperbild zu erfahren, stellen solche Grundrhythmen des Realen dar, die im Alltagsleben überdeckt sind und daher das Lacansche ‚Ding' so unsichtbar machen.[95] All das somatoform Störende (Missempfindun-

---

94 Lacan, J., Seminar II, Walter (1980) S. 327
95 Auch Erfahrungen von Juckreiz, das Gefühl angeschwollener und taubgewordener Extremitäten, sich aufstellender Haare etc. können hier dazugehören und sind kein Zeichen einer Störung oder Krankheit. Auch das Wahrnehmen des inneren ‚Lau-

gen, Kribbeln, Tinnitus, funktionelle Veränderungen, etc.) lässt das Reale spürbar werden und fängt letztendlich zu Sprechen an, auch wenn es sich anfänglich nur um einen ‚Laut', ein Es Verlautet, handelt, das sich bis zu einem *Pass-Wort* steigern kann.

Das von oben nach unten Durchrieselnde ist der Wirkung eines besonderen Musikstücks vergleichbar, bei dem es einem den Rücken herunter prickelt, rieselt, schauert. Es hat etwas mit einem Atavismus zu tun, den es im biologischen Bereich gibt, wenn Frühmenschen oder gar Primaten Körperformen hatten, die verloren gegangen, jetzt aber, Äonen von Jahren später wieder aufgetaucht sind (z. B. eine sechste Halsrippe). Nun existieren solche Atavismen auch im psychisch geistigen Bereich, worüber bereits viel – meist sehr Pauschales und auch wieder manches über die Frühmenschen – geschrieben wurde. So beispielsweise, dass diese frühen Vorfahren mit starken Affektausbrüchen kommuniziert haben, ja, dass es bei ihnen sogar eine Art von Totstell-Reflexen wie bei den Tieren gegeben habe und dies manchmal eben auch moderne Menschen aufweisen: der Kampf-Flucht, der fight-flight Reflex würde – als klassischer Atavismus – zur Erstarrungs-, Einfrierungs-, freeze-Reaktion führen.[96]

---

tes' ist kein Tinnitus und das Sehen des luzide Schimmernden keine Halluzination.

[96] Bracha, H. S.: Freeze, Flight, Fight, Fright, Faint: Adaptation in Perspectives on the Acute Stress Response Spectrum. *In:* CNS Spectrums. *Band 9,* Nr.9 2004, S. 679–685, [PDF]).

Natürlich hat Freud schon auf die „Erhaltung des Primitiven neben dem daraus entstandenen Umgewandelten" hinsichtlich des Seelischen hingewiesen, „weil im Seelenleben nichts, was einmal gebildet wurde, untergehen kann . . . und unter geeigneten Umständen, z. B. durch eine weit reichende Regression wieder zum Vorschein gebracht werden kann."[97] Andere Autoren haben hinsichtlich der tief sitzenden Angstkrankheit als einer eher negativen, atavistischen Regression von der Möglichkeit positiv-regressiver Maßnahmen, wie eben der Hypnose, Meditation etc. gesprochen. Oder sie haben, wie etwa E. Haisch von der Musik als einer Kategorie der Sublimierung (auch sexueller Sublimierung) geschrieben, die eine Rückkehr in kindlich Regressives ermöglicht und so heilsam wirkt. Doch handelt es sich wohl um eine Heilung, die nur so lange andauert, wie die Musik gespielt wird.

Selbstverständlich ist das Durchrieseln in der Erfahrung der *Analytischen Psychokatharsis* auch nur ein Atavismus, aber er ist einer, der auf leichtem Wege zu erreichen ist und der eine weitreichende Möglichkeit bietet. Die Hypnose ist zu umständlich, man braucht jemand, der sie einem besorgt. Vom Nachteil der üblichen Meditationsmethoden habe ich schon geschrieben. Und in der herkömmlichen Psychoanalyse, die freilich auch einen Weg zur atavistischen Regression anbietet, muss der Analytiker frei von jeglicher Form der Angst sein.[98] Im

---

[97] Freud, S., Das Unbehagen in der Kultur, Kap. 1 (1930)
[98] Lacan, J., Seminar VIII, Passagen Verlag (2008) S. 448

stark regressiven Stadium ist die Angst des einen nämlich auch die des anderen. Es gibt diese Spiegelrelation,
die auch innen und außen nicht ganz unterscheiden kann,
die des Ideal-Ichs. Ich kenne keinen Analytiker, der sie
wirklich bewältigen kann, obwohl dies sicher für die
Behandlung schwerer Persönlichkeitsstörungen vorteil-
haft wäre.

In der *Analytischen Psychokatharsis* dagegen kommt es
im Übenden selbst zu dem atavistischen Zustand es Ideal-Ichs in Form des Durchrieselns, des Durchscheuerns,
der ausgeprägten Katharsis, die durch die Stärke der
Formel-Worte gehalten und bewältigt werden kann. Im
zweiten Schritt dieses Verfahrens kommt es zur Transition, zum Übergang in die Form des Ich-Ideals, das Konstanz vermittelt, Nachhaltigkeit, wie schon bei der Darstellung der graphischen Schemata besprochen. Und
zudem wird in der zweiten Übung auf das Hören des
Tons, des Gedankens, des *Spricht* der *Pass-Worte* geachtet, die die analytische Deutungsmöglichkeit bringen, um
über das Ich-Ideal hinauszukommen in einen direkten
Dialog mit *dem Anderen*. Und so betone ich nochmals,
dass das Entscheidende die enge, gelungene, reife,
Transition, ‚konkretistische' Kombination des Erschei-
nungs- und Wort-Wirkenden im Verfahren der *Analytischen Psychokatharsis* ist.

8. Das ‚Ding'

Ein Abschluss muss aber noch her. In Schopenhauers Buch ‚Die Welt als Wille und Vorstellung' zeigt der Philosoph, dass Kants ‚Ding an sich' nichts anderes ist als der menschliche Wille. Zurecht bemerkt Schopenhauer, dass das ‚Ding an sich' kein Ding mehr ist, kein Objekt, keine Sache, nichts materiell Festes und physisch Gültiges. Vielmehr hat es damit zu tun, dass Kant sein eigenes subjektbezogenes philosophisches Sprechen nicht anders erfassen konnte. Er musste es ‚Ding' nennen, um ihm eben einen objektbezogenen Charakter zu geben, aber er musste auch von einem ‚an sich' sprechen, was eine Art von Hilflosigkeit bedeutet, von Flucht in Transzendenz, von dem Bemühen, sich selbst aus dem Spiel zu lassen. Er hat also das ‚Ding' symbolisiert, es definitiv angesprochen, aber es zugleich im diffus Imaginären eines ‚an sich' wieder stehen lassen.

Schopenhauer lag nicht falsch, wenn er Kants 'Ding an sich' als etwas anderes, Subjektbezogenes bezeichnete, eben als den Willen des menschlichen Subjekts. Es erinnert an die Volksmund-Version: wenn jemand etwas ganz überzeugt will, sagt er „das ist mein Ding, das mache ich." Freud hat dieser Feststellung allerdings eine weitere Nuance bzw. Uminterpretation hinzugefügt. Er sagt, dass es sich dabei nicht um den Willen handelt, sondern um das Wollen, um ‚Es', das ein Begehren ist, ein heraus Drängen. Der Wille ist etwas zu Bewusstes, zu sehr mit dem eigenen Ego Verbundenes. Dagegen ist das Wollen mehr etwas Unbewusstes, ‚Es‘, das Subjekt, das in uns strebend begehrt. Dieses Streben, Wollen ist unbeugsam. Und zudem: es gibt – wie erwähnt – ein worthaftes und ein erscheinungshaftes Wollen, einen Sprech- und einen Schau-Trieb, (Erscheinungs-Wort-Wirkendes).

Damit gerät der Diskurs wieder zurück in die Sphäre des wort-wirkenden *Anderen*, aber auch eben in die des ‚Dings‘ (dem allerersten und letzten Erscheinungs-Wirkenden). Lacan benutzt zig Definitionen für das ‚Ding‘, aber keine fasst es in seiner Rätselhaftigkeit. So ist es das „Objekt als absolut *Anderes* des Subjekts“, es „ist ursprünglich“, das „Signifikats-Außerhalb“, „stumme Realität“, es ist „das gesuchte und nie wieder zu findende, verlorene Objekt“ (wie die frühe Mutter, erinnert aber auch ans Paradies), das „im Bereich aller Vorstellungen fremde“, und zudem: diese frühe, psychoanalytisch so wichtige „Mutter nimmt den Platz des ‚Dings‘ ein“, macht es sozusagen „zur Muttersache“, wo es doch im „Mittelpunkt des in Signifikanten Relationen organisierten Unbewussten steckt“, jedoch „just in dem Sinne, dass es ein ausgeschlossenes ist.“[99] Auf jeden Fall hat es nichts mit Worten zu tun, es ist rein Imaginär-Reales, eine Mischung, die auch ich hier eben gerade nicht besser mit Worten beschreiben kann.

---

[99] Lacan, J., Seminar VII, Quadriga (1996) S. 67, 69, 70, 71, 74, 79, 84.

Lacans Zuhörer und Schüler haben sich über die Bemerkungen zum ‚Ding' mokiert. Sie wollten, nachdem sie wie gesagt sowieso fast nichts verstanden, nicht noch mit solch einem mysteriösem Zeug belastet werden. Doch Lacan beharrte darauf, an diesem vor allen anderen Erscheinungen zu situierenden ‚Ding' in der Theorie der Psychoanalyse fest zu halten. In späteren Seminaren erwähnte er es kaum noch. Ich greife es jedoch gerne auf, denn es lässt sich gut mit dem Wesen der Meditation in Beziehung setzen. Wer sich hinsetzt und meditiert, schließt die Augen und schiebt alle Gedanken beiseite, solange, bis irgendetwas im Inneren erscheint. Meistens handelt es sich um eine Art Helligkeits-Erscheinung, ein ‚Licht'-Luziditäts-Punkt, oder flüchtige Erinnerungs-Bilder, was alles auch in der ersten Übung der *Analytischen Psychokatharsis* vorkommt, aber wie eine erstes Außen-Innen zu verstehen ist, ein ‚ultrasubjektives Ausstrahlen', ein kathartisches ‚Durchrieseln'.

All das hat bereits mit dem ‚Ding' zu tun, als Anfangs-Sache, nicht Hauptsache, denn man befindet sich wieder in dem Bereich, den die Psychoanalytiker so fürchten: die Überflutung, Inflation aus dem Unbewussten mit Myriaden von bildlichen Zusammenhängen, die verrückt machen. Deswegen werden die Meditationen ja geführt, jedoch mit dem Nachteil, den ich schon zweimal erwähnt habe: zu starke Vorbeeinflussung des meditativen Ergebnisses durch religiöse Thesen, spiritualistische Statements, rein mystisch-mythischem Hintergrund, esoterische Magie, etc., machen das ‚Ding' zur Ideologie. Allein die auf wissenschaftlicher (psychoanalytischer, linguistischer) Basis erstellten *Formel-Worte*, die auch Signifikats- und Signifikanten-Charakter haben, vermitteln eine unbeeinflusste Führung und Sicherheit. Nur so kann das Selbstschöpferische gelingen. Es muss frei sein von allem sonstigen.

„Der Krug west als Ding," schrieb auch der Philosoph M. Heidegger. „Wie aber west das Ding? Es west, indem der Krug Wasser von oben her aufnimmt und auf der Erde zum Ausgießen sammelt, was eine Art von Geschenk- und Opferhandlung ist. „Im Wasser des Geschenks weilt die Quelle. Im Wasser der Quelle weilt die Hochzeit von Himmel und Erde. . . . Das Geschenk des Gusses aber ist das Krughafte des Kruges und im Wesen des Kruges weilen Erde und Himmel . . ."[100] Diese philosophische Poetik greift Lacan von der Seite des Töpfers her auf, indem dieser ja die Leere, das Nichts mit der Erde, dem Ton, dem Lehm, einem grundlegenden Etwas umgibt. Das von einem Etwas umgebende Nichts ist das ‚Ding'.

Lacan meint, dass der Töpfer sich dadurch selbst die Leere schafft, die er vorher so noch gar nicht wahrgenommen und gekannt hat. Die Leere, das ‚nihil', aus dem das Selbstschöpferische kommt! Doch jetzt ist sie – für den Philosophen wie für den Psychoanalytiker – die Leere des ‚Dings', und deswegen ist das ‚Ding' das Bewusstwerden der Kluft, dieses grundsätzlichen Fehlens, des Mangels, der für den Menschen so bestimmend

---

[100] Heidegger, M., Sein und Zeit, Niemeyer Verlag (2006)

ist.[101] Die Menschen lösen das Problem des ‚Dings' nicht in sich selbst zuerst, sondern suchen Zerstreuung in den Sachen, den Objekten, den Gegenständen, und so sind die Beteuerungen des Philosophen nur Beschwichtigungsphantasmen, Einlullungen, Schönrederei. Der Philosoph versucht, diesem Bestimmenden der Leere durch philosophisch poetische Sublimierung auszukommen. Der Psychoanalytiker versucht es mit dem Begehren.

Denn weit gelangt der Philosoph nicht, und auch der Psychoanalytiker hat nicht viel – vor allem nicht viel praktischen Gewinn – von dieser Erkenntnis. Schon Freud konstatierte, dass es drei Diskurstypen gibt, denen eine gewisse Sublimierung und damit das Wesen des ‚Dings' korreliert. Für die Kunst (und dies gilt jetzt auch für Heideggers philosophische Poesie) ist es die Hysterie, für die Religion die Zwangsneurose und für die Wissenschaft die Paranoia. Diese drei Formen der Sublimierung haben auch Beziehung zu dem Lacanschen ‚Ding', und zwar „in der Art, dass das ‚Ding' dabei eben stets durch eine Leere repräsentiert sein wird, weil es nicht durch anderes repräsentiert werden kann – oder genauer, weil es repräsentiert werden kann allein durch anderes . . . . Für alle Kunst ist eine bestimmte Weise der Organisation charakteristisch, die um jene Leere herum kreist." [102]

---

[101] Ich erinnere an den elementaren Mangel, der eigentlich eine Untersagung ist, ein Nein. Dieses Nein besorgt der *Andere*, der neben dem ‚Ding' ja noch da ist, ob in guter oder schlechter Kombination, ist eine andere Frage.
[102] Lacan, J., Seminar VII, Quadriga (1996) S. 160

„Die Religion dagegen besteht in allen Weisen, dieser Leere aus dem Wege zu gehen ... und was ... den Diskurs der Wissenschaft angeht, ... so kommt in ihr das Wort voll zur Geltung, das Freud bei der Paranoia und ihrem Verhältnis zur Realität verwendete – der Unglauben. ... Bezüglich des Unglaubens gibt es aus unserer Sicht, eine Position des Diskurses, die sehr genau zu begreifen ist im Verhältnis zum ‚Ding' – das ‚Ding' wird in ihr verworfen im eigentlichen Sinne der Verwerfung. Ebenso wie es in der Kunst eine Verdrängung des ‚Dings' und in der Religion vielleicht eine Verschiebung gibt, geht es im Diskurs der Wissenschaft, eigentlich gesprochen, um die Verwerfung des ‚Dings'." Und weiter:

„Der Diskurs der Wissenschaft verwirft die Präsenz des ‚Dings', insofern sich, aus seiner Sicht, das Ideal des absoluten Wissens abzeichnet, das heißt das Ideal von etwas, *das zwar das ‚Ding' setzt, doch mit ihm nicht rechnet* [von mir kursiv herausgehoben]. Jedermann weiß, dass diese Sicht sich in der Geschichte letztlich als ein Scheitern herausgestellt hat. Der Diskurs der Wissenschaft ist von dieser Verwerfung bestimmt, deshalb wahrscheinlich – was vom Symbolischen verworfen wird, erscheint nach meiner Formel im Realen – läuft er auf eine Sicht hinaus, in der, am Ende der Physik, ein so Rätselhaftes wie das Ding' sich abzeichnet."[103] Was meint Lacan damit? Er verrät es nicht, aber ich denke, dass er genau das meint, was nicht so sehr zwischen

---

[103] Lacan, J., Seminar VII, Quadriga (1996) S. 162

Mensch und Natur, sondern zwischen wort-wirkendem Geist und erscheinungs-wirkender Materie etwas Substanzielles annimmt, einen Körper ohne Gestalt, etwas psychisch Körperhaftes, das aber nichts mit dem anatomischen Körper zu tun hat.

Es geht, wie früher die Mystiker sagten, um eine innere und äußere Wesensschau zugleich. Man benötigt dazu keine Virtual-Reality-Brille und auch nicht eine magisch-mythische Ekstase wie früher. Es genügt, dass man das Urbild der Seele (ähnlich Denekes Distanzbilder) wenigstens einmal in sich wahrgenommen hat, dieses Aufbäumen gegen eine scheinbar unmenschliche Welt, das jedoch gleichzeitig den Schlüssel zu seiner Bewältigung nicht nur durch die guten Worte des Psychoanalytikers in der Hand hält, sondern eben auch durch das ‚Ding' als eine Konstanz des Imaginär-Realen, des Erscheinungs-Wirkenden, das jeder – aber eben nur jeder Einzelne – in sich selbst erstellen kann. Das Erfassen des ‚Dings' im Distanzbild ist ein Vorgang, der – auf moderne, wissenschaftliche Weise – nur durch die *Analytische Psychokatharsis* als Selbstschöpferisches erreicht werden kann. Denn der Blick in das Dunkel der Seele wird bei ihr durch die kompaktest mögliche Formulierung der *Formel-Worte*, was Lacan den ‚linguistischen Kristall' nennt, gestützt und gleichzeitig durch die Antwort aus dem Unbewussten abgeschlossen, alles aus dem Nichts kommend und ‚bleibend'.[104]

---

[104] Dass es ‚bleibt', muss ich in Anführungszeichen setzen. Es ‚bleibt' natürlich durch ständiges Üben, aber es bleibt auch

Das Distanzbild kann auch durch den Freud'schen Begriff der ‚Vorstellungsrepräsentanz' erklärt werden. Der Trieb wird im Psychischen durch etwas repräsentiert, das hier z. B. der Schautrieb ist. Der Trieb ist eine konstante Kraft, sagt Freud, aber im Psychischen wirkt diese Konstanz nicht isoliert, sondern ‚legiert' mit anderen Trieben. Ein Distanzbild in etwas konstanterer, konkreterer Form bringt einem aber das ‚Ding' als Imaginär-Reales näher – gewiss mit der Gefahr der Stagnation, der Einseitigkeit, Künstlichkeit. Schließlich gibt man ja der sonst üblichen Leere des ‚Dings' eine – wenn auch dezente – Fülle, die im Seelischen nur etwas fixieren würde. Nicht umsonst beharrt Lacan auf dem ‚Fremden-Außen', der stummen Realität und all den eher – wie oben zitiert – einschränkenden Definitionen des ‚Dings'.

Deswegen wiederholt Lacan die Betonung des Wort-Wirkenden: „Weder die Wissenschaft noch die Religion sind dazu angetan, das ‚Ding' zu retten oder es uns zu geben, weil der Bannkreis, der uns von ihm trennt, gesetzt ist durch unser Verhältnis zum Signifikanten [Wort-Wirkenden]. . . . Das ‚Ding' ist das, was vom Realen an jenem fundamentalen, initialen Verhältnis

---

mit dadurch, dass man sich intellektuell damit beschäftigt. Auch wenn Lacan überfordernd ist, es ist wichtig auch diese Seite des Wort-Wirkenden zu berücksichtigen, denn sie verstärkt das Bleiben. Letztendlich aber wird das Gespräch mit dem Unbewussten in Form stets neuer *Pass-Worte*, die manchmal einen direkten Dialogcharakter erreichen können, bleibend gewährleistet.

leidet . . . aus der Tatsache eben, dass man dem unterworfen ist, was Freud das Lustprinzip nennt."[105] Nur dass das Begehren gar nicht die Lust ist, die eher ein Signifikat ist, etwas fest Bezeichnetes, das Begehren aber mit der „Herrschaft der Signifikanten" zu tun hat, und so für das ‚Ding' kein rechter Platz bleibt. Weil das Lustprinzip eben ein initiales Verhältnis macht, bleibt das ‚Ding' ein ewiges Innen-Außen. Nur dadurch, dass die *Formel-Worte* das Lustprinzip zur Seite schieben können, taucht für den Übenden der *Analytischen Psychokatharsis* das ‚Ding' in seiner Originalität auf, um in ein Pass-Wort umgewandelt, doch auch ein klein bisschen Wort-Wirkendes vom ‚Ding' sagen zu können.

Es gibt vieles, das zum ‚Ding' führt, es aber nicht mit dem *Anderen* kombiniert und so nicht die volle Konstanz und den vollen Erfolg des Imaginär-Realen und des Symbolisch-Realen im Genießen, in der ‚joissance' verwirklichen kann. Es führt zum ‚Ding' nur dann, wenn es durch die Meditation mit den *Formel-Worten* kompakt und einheitlich gemacht wird und so nach einiger Zeit des Übens genau diese Konstanz erreicht wird, die das ‚Ding' als Bildhaftes mit dem Worthaften eng verbindet. Man kann das auch ein bisschen vom bekannten Mythos des Paares von Psyche und Amor (Eros) erläutern. Der italienische Maler Zucchi hat sie zwar manieristisch aber trefflich gemalt (Abbildung unten).

Die Göttin Aphrodite ist eifersüchtig auf die schöne Kö-

---

[105] Lacan, J., Seminar VII, Quadriga (1996) S. 166

nigstochter Psyche, auf deren ‚Ding‘, von dem sie meint, dass es Konstanz hat (der typische Fehler des Eifersüchtigen). Sie verleitet ihren Sohn Eros dazu, Psyche mit einem Ungeheuer zu verheiraten, doch dieser verliebt sich selbst in sie und lässt sie zu sich kommen. Allerdings gelingt dies nur nachts im Dunklen, im meditativen, hypersphärischen

Zucchi, Amor & Psyche

Raum. Psyches neidische Schwestern aber bedrängen sie, dass ihr Liebhaber doch ein Monster sei und so erscheint Psyche eines Nachts mit einer Öllampe und – sicherheitshalber – mit einem Kurzschwert bewaffnet vor Eros. Doch dadurch verliert sie selber etwas von ihrem ‚Ding‘. Nichts mehr ist konstant. Beide sind verwirrt. In Zucchis Bild ist Eros‘ Genitale von einer Blüte verdeckt, doch Psyches Blick dorthin scheint ganz klar zu sagen: ist da etwas? Für was ist es gut? Braucht's das?

Das ‚Ding‘, die mehr als weiblich und mit der Möglichkeit zur 'Jouissance feminine' ausgestattete Psyche, ist manchmal (im nicht-konstanten Zustand) mehr am schönen Jüngling als solchem interessiert und verliert sich in der ‚Sache‘ (vor allem wenn diese von Neidern und Lügnern verleumdet wird), während Amor sein Heil in aufdringlichen Abenteuern und eben im Dunklen, in Φ suchen muss oder – wie es im Mythos heißt – dorthin flüchtet. Erst nach langer Zeit, nach langem sich kennenlernen, finden die beiden im Hellen wieder zusammen und heiraten: Psyche rettet ihr ‚Ding‘ und Amor hat jetzt selbst im Hellen nicht mehr nur den Charakter von Φ. Sie sind jetzt ‚Ding‘ ∞ *Anderer*, eine Lösung, die – formelhaft – auch die Lösung für die *Analytische Psychokatharsis* ist, in dem der selbstschöpferische Diskurs durchgehend und konstant ist und durch nichts mehr unterbrochen werden kann, bleibt man ihm treu.

In der Lacanschen Mathematik steht das ‚Ding‘ für die Kohärenz der Signifikanten in Form einer Kette von Bedeutungen eines wort-bildhaften Diskurses, der nämlich nicht nur von Φ, sondern auch vom Tod unterbrochen werden kann. Deswegen kommt Psyche nicht zu ihrem ‚Ding‘ als Übergeordneten, solange sich alles im Dunklen abspielt, und bleibt Eros Φ-fixiert. Würde das ‚Ding‘ im Üben der *Analytischen Psychokatharsis* diese Lücken schließen können durch einen vollen, wissenschaftlich gesicherten und praktisch gefestigten und durch Meditation gehaltenen Diskurs, der die Identität des Eigenen (Selbst-Struktur) und des *Anderen* (Fremd-Logik) auch worthaft ausdrücken kann (*Pass-Worte*), wäre der letztliche Sieg gewiss. Somit kann ich argumentieren, dass die Übungen der *Analytischen Psychokatharsis* der libidinösen Metapher aber auch dem Pessimismus des Todes antworten und gewährleisten können, den eigentlichen – auch bildhaften – Diskurs nicht zu unterbrechen.

„Es gehört nicht zu unserem Thema,“ schreibt Lacan hinsichtlich des ‚Dings‘ und dieser Körperbilderfahrungen, „das in seinen Einzelheiten zu ergründen. Das Wichtige ist, dass etwas hier dem ‚Ding' ähnelt . . . Genau deshalb geben wir ihr, wenn wir sie im Mythos ‚Die Wahrheit' (La Vérité) nennen, die Züge einer Frau. Nur was man nicht vergessen darf, das ist, dass das ‚Ding' selbst sicherlich nicht sexuiert ist. Wahrscheinlich ermöglicht uns dies, dass wir mit ihr Liebe machen, ohne die kleinste Idee davon zu haben, was die Frau als sexuiertes ‚Ding' wäre." Das klingt nun ein bisschen seltsam‚ doch das Genießen, die ‚Jouissance' im ‚Ding' der Weiblichkeit oder in dem, was ich Ψ genannt habe, zu situieren, würde Lacan schwer fallen, wenn er es noch hören könnte. Was er meint bezieht sich eben darauf, wie man das sexuierende Φ bei der Frau in der Weise unterbringen kann, dass es auch das ihre wäre.

Aber warum muss man das so kompliziert fragen? Ich übersetze es so: Die Frau in ihrem Erscheinungs-Wirkenden erotisiert zu erfassen, besteht darin, den Reiz einer Aufgabe, einer gewissen ‚skill-zone', also den Ort des ‚vollendeten Objekts' sehen zu können. Ich habe die Fragestellung Lacans bezüglich der Frau schon in dem auf Seite 117 gezeigten Schema die Sublimierung betreffend diskutiert, das ich hier, jetzt hinsichtlich des weiblichen Genießens, nochmals darstelle. Denn in diesem Schema wird der *Andere* als der ‚Ort des Sprechens' (mit minimal männlichem Charakter) bezeichnet, ‚mit welchem man Liebe macht', indem man den Trieb soweit sublimiert, dass nicht nur das ‚Pläsier', sondern auch schon ein bisschen von der ‚Jouissance' möglich wird. Doch bei der Frau steht bei Lacan ein X, man kann das Genießen als „sexuiertes ‚Ding'" bei ihr nicht orten, meint er. Also was dann? Ich habe das Schema etwas geändert, denn auch die Frau im Bezug zum Anderen und zum ‚Ding' nur als X zu bezeichnen, ist dürftig, zudem wenn Lacan es mit dem Wort ‚sexuiert' spezifiziert. Doch wenn der *Andere* Ort des Sprechens ist, dann ist die Frau verbunden mit dem Ort des Zeigens, mit Ψ.

Ψ	Der Andere?	Das Ding?
Ort des Zeigens des 'vollendeten Objekts'	Ort des Sprechens mit dem man Liebe macht	Vakuole des Genießens
Die Sublimierung, um Die Frau zu erreichen (höfische Liebe, Idealisierung des Objkts)	Die Sublimierung, um das Genießen mit dem Trieb zu erreichen	Der Repräsentant der Repräsentation (Vorstellung)

Lacan denkt es so nicht, er spricht diesbezüglich wie erwähnt von der Frau, die als D i e, als universell selbst verdrängt ist, und die in der prähistorischen Venusfigur nur ein künstlerisches Pendant hat (und heute in Schauspielerinnen bei Filmfestivals oder in Modejournalen nur als Kultobjekt erscheint). Doch es ist typisch für das Versagen der psychoanalytischen Theorie, an dem Punkt unter der Rubrik ‚Die Frau?' nur ein X zu schreiben. Hier fehlt der Hinweis auf die Praxis, zu der ich hinsichtlich der Meditation schon mehrmals hingeführt habe. Denn das Wort „Liebe machen" bezieht sich doch auf die Praxis. Das obige Schema war zu theorielastig verfasst. An die Stelle des X gehört der Ort des Genießens als des Zeigens des ‚vollendeten Objekts', Ψ, und auch als ein Ort der Liebe, die zum wahren Sprechen führen wird, wenn es sich mit dem *Anderen* verbindet. Das tut es eben in der klassischen Psychoanalyse nicht so richtig.

Und zwar ist die endgültige Verbindung des Orts des Sprechens mit dem des Zeigens deswegen notwendig, weil unter der Rubrik Sublimierung nicht nur die goldenen Käfige der höfischen Liebe zu finden sind, sondern die der maximalen Sublimierung, wie sie schon von den Mystikerinnen früherer Zeiten vorgelebt wurde (Mechthild ist ein hervorragendes Beispiel), aber wegen derer Fixierung an Religiöses und Spirituelles, für die heutige Zeit nicht mehr brauchbar ist. Die Frage, wie man das Genießen als „sexuiertes ‚Ding'" bei der Frau zu orten hätte, ist falsch gestellt. Man muss es in ihrer Praxis verorten, die keinen theoretischen Namen hat, beziehungsweise nach jedem praktischen Akt neu zu benennen wäre. Dieser Akt ist kein stummer Schrei, auf den Lacan wie erwähnt in diesem Zusammenhang (dem der Meditation) anhand des Bildes von E. Munch zu sprechen kommt. Lacan sieht darin das Sehnsuchtsvolle, das in einem nur „unerträglichen, unmittelbaren Bevorstehen des Genießens" sich als das Erschöpfende zu denken hat, wie es nur bei den Heiligen vorkommt."

Dieses sehnsuchtsvolle Warten aufs Genießen fällt in einer gut geleiteten Meditation nicht so schlimm aus, wie Lacan sich das vorstellt, und das wie gesagt ja speziell im Bereich des Religiösen, ‚Spirituellen', Esoterischen zutreffen mag. Aber in einer gut fundierten Meditation, in einigen Methoden des Yoga und vor allem in der wissenschaftlich begründeten *Analytischen Psychokatharsis* ist der stumme Schrei eher als der Moment eines Mutes aufzufassen, indem man sich auf das Nichts, die leere und das Dunkel vor einem einlässt, was sehr schnell zu Erfahrungen, zu Teilergebnissen und eben zu den Phänomenen des *Strahlt*, des Erscheinungs-Wirkenden führt. Schließlich kommt es zu einem Durchschauern, ‚Durchrieseln‘ im Körperbild, zur körperhaften Katharsis, die – wie Lacan ja selbst anmerkte – das eigentliche Feld des Genießens ist. Es entwickelt sich „aus der Konsistenz der Körperbilder" als der per definitionem beschriebenen ‚substance jouissante‘. Da muss man nicht lange „unerträglich" warten, denn das demonstriert ‚Die Frau' in Form des temporären ‚vollendeten Objekts‘.

Es geht also um eine besser konzentrierte „Verteilung der Lust im Körper", weil die sich überlappenden Körperbilder zusammenschließen. Lacans Kollegin, die Psychoanalytikerin F. Dolto, hatte sich nämlich genau auf diese ‚imaginären Signifikanten‘, die das „basale, erotische und dynamische Körperbild darstellen", berufen, und damit dem Erscheinungs-Wirkenden mehr Raum gegeben. So präsentiert sich das Subjekt nicht nur zwischen zwei Signifikanten (dem bekannten Standartsatz Lacans) sondern auch zwischen zwei oder mehr Körperbildern, zwischen zwei im ‚inner touch' zusammengeführten Körperstrukturen, Körpererscheinungen (also in dem körperlich gefühlten inneren Zusammenschluss der beiden Grundintentionen, um es schlicht zu sagen).

Oder nochmals anders: Die Verteilung der Lust im Körper als einem aus sich überlappenden Körperbildern zusammengefügten ‚Ding‘, vermittelt das von Lacan bei den Frauen so wesentlichen, wegen der Absolutheit jedoch nicht beachteten und nicht geschätzten ureigenem Genießens, der autochthonen ‚Jouissance‘ als realisierbar, als direkt erfahrbar, wenn es durch ein übendes Verfahren ermöglicht wird. Ich erinnere nochmals an die Katharsis in der Freud'schen Hypnose, die fehlgeleitet war, weil sie sich an die ‚Mehrlust‘ der Therapeutenstimme hängte. In der *Analytischen Psychokatharsis* wird jedoch der Diskurs nicht durch ‚Mehrlust-Objekte‘ fixiert oder unterbrochen, weil er durch den durchgehenden Schriftzug der *Formel-Worte* perfekt aufrechterhalten wird. Ja, er wird sogar in idealer Weise aufrechterhalten, da er keinen vordergründigen Sinn hat, keine gedanklich bewusste Formulierung ist, also genau die Artikulation ohne Worte darstellt, von der Lacan so schwärmte.

Und ohne Wort-Symbolik verweilt auch das ‚Ding‘ in sich, wenn auch nur als ein Teil der Vollständigkeit des universellen Diskurses. Es kann jedoch als Ideal des Erscheinungs-Wirkenden (Ideal-Ich) mit dem wortwirkenden Ich-Ideal in der praktischen Übung der *Analytischen Psychokatharsis* so zusammengefügt werden, dass etwas entsteht, das nur der Einzelne in seinem *Pass-Wort* erfahren kann. Es ist sinnlos ihm einen Namen zu geben, nur um sich theoretisch weiter zu qualifizieren. „Grau, teurer Freund, ist alle Theorie und grün des Lebens goldner Baum", konstatierte schon Goethe in seinem Faust, und meint damit, dass nur jeder selbst in Form der Praxis die Wahrheit finden kann.

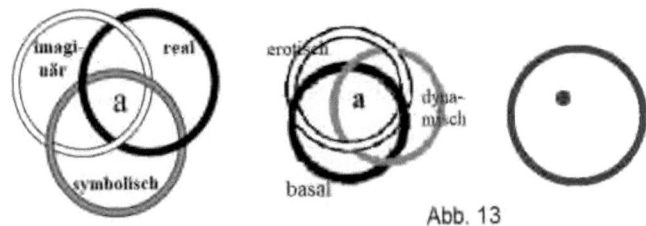

Abb. 13

Am Höhepunkt der ersten Übung wird auf die zweite Übung übergegangen, wo sich im *Pass-Wort* diese Zusammenführung als die gesuchte alleinige, alleinig mögliche Eins ergibt. Eben deswegen ist das Ideal von ‚Ding' und Anderem, die allein mögliche Eins, weil sie in der Praxis, und nicht nur als schöne und topologisch perfekte Zeichnung zustande kommt. Dazu noch ein letztes Bild. Es zeigt links Lacans klassischen Borromäischen Knoten, die die Durchschlingung des Realen, Symbolischen und Imaginären mit dem a der ‚Mehrlust' in der Mitte darstellt. Rechts daneben das gleiche Bild, nunmehr in Form der sich überlappenden und bereits eng zusammenge-führten Körperbilder, wie sie von F. Dolto als basales, dynamisches und erotisches Körperbild beschrieben wurden, und denen Lacan bestätigte, dass sie seinen Signifikanten entsprechen. Überlappen sich die Bilder vollständig (ganz rechts) – und dies wird ja in der Meditation der *Analytischen Psychokatharsis* so praktiziert – erscheint genau die von Lacan gezeigte Sphäre mit dem a bzw. nur noch dem

Punkt (Luziditätspunkt), der jetzt ja als ‚Jouissance‘, als autochthones Genießen erfahrbar ist, das wiederum mit dem ‚Ding‘ engstens zusammenhängt. Mehr ist einfach nicht zu sagen, es muss praktiziert werden.

Die Praxis, die dem ‚Sexuierten‘ der Frau nahe kommen würde, könnte – wie ich auch von Lacan zitierte – in der tantrischen Methodik zum Zug kommen. Doch dazu muss man wissen, dass diese aus dem Yoga kommende Methodik enorme Körpertechniken erfordert. Man muss den sexuellen Akt bis zum Geht-Nicht-Mehr hinausziehen, aber zusätzlich auch kommunizieren, und davon hätte die Frau sicher mehr als von dem Akt der von Φ dominierten Scheinwelt, in der es nie zu einem wirklichen gemeinsamen Höhepunkt kommt, weil der Mann – wie Lacan sagt – stets am Höhepunkt seiner Angst ejakuliert. Das macht der Tantriker nicht, aber was wirklich passiert weiß niemand, denn man kann diese Methode nicht gelungen, nicht wissenschaftlich gereift, nicht in seinem erscheinungs- und wort-wirkenden Zusammenhang definiert vermitteln. Es wird Mystik und Mythos bleiben, sei‘s drum.

9. Anhang zum Verständnis der Praxis

Erste Übung. Das Verfahren ist wie betont von seiner praktischen Seite her sehr einfach. Man sitzt in bequemer Haltung (anfänglich mit geschlossenen Augen) und wiederholt in der ersten Übung rein gedanklich, langsam hintereinander zwei, drei oder bis zu fünf *Formel-Worte*,[106] während man gleichzeitig darauf achtet, ob im Inneren vor einem etwas auftaucht, das den Charakter eines Es *Strahlt* hat. Erst in einer zweien Übung (siehe später) kommt durch Konzentration anderer Art eine Antwort (*Pass-Wort*) auf diese erste Übung zustande. Bei dem *Strahlt* kann es sich um eine Erhellung, Körperbildwahrnehmung, ein Schimmern, einen ‚Licht-Luziditäts-Punkt' oder irgendetwas handeln, dem eben solch ein Phänomen zukommt. Lacan spricht diesbezüglich auch von einer ursprünglichsten ‚Phosphoreszenz'. Dabei bezieht sich Lacan ganz klar auf etwas Gegebenes, etwas, was dem sogenannten Primärprozess des Triebs, der Vorstellungsrepräsentanz, oder gar dem ‚Ding' zugehörig ist.

Das Erscheinungs-Wirkende, das Es *Strahlt* ist also nicht etwas, das man selbst imaginieren, erzeugen oder gar erzwingen muss. Es ist in jedem Menschen als Primärform eines im Hintergrund wirkenden Kräftegeschehens vorhanden und muss so nur geweckt oder erwartet werden.

---

[106] Weitere *Formel-Worte* sind in anderen Veröffentlichungen oder auch auf der hinten angegebenen Webseite zu finden. Vorerst genügen die hier erwähnten. Mehr als fünf sollte man nicht benötigen.

Genauso kann aber auch ein ‚Durchrieseln‘[107] zu spüren sein oder die Empfindung auftauchen, wie das eigene Körperbild sich verschiebt, sich weitet oder es einfach nur als schwarze Farbe, Fleck vor den geschlossenen Augen festzustellen ist. Denn schwarz ist schon eine Wahrnehmung, die sich von der Dunkelheit im Kopf ganz gering abheben kann. Egal was auch immer ‚gesehen‘ oder erfahren wird, es wird den Charakter von einem auch nur ganz geringem Es *Strahlt* haben, und das genügt.

Man muss nicht einen Kurs besuchen, um diese Erfahrung zu haben, die ja authentisch als Aspekt des Wahrnehmungs- oder Schautriebs in jedem Menschen vorhanden ist. Man kann die Übungen rein nach ausreichender Information durch den Text des Buches oder durch die kostenfreien Broschüren aus dem Internet[108] und der hier formulierten Praxisbeschreibung selbst durchführen. Während also anfänglich durch die Achtung auf das *Strahlt*-Phänomen bereits eine leichte Entspannung eingetreten ist,

---

[107] Ich erwähne nochmals, dass diese Erfahrung etwas mit atavistischen Gefühlsreaktionen zu tun hat, also z. B. ein den Rücken herunterrieselnden Schauer bei einer ergreifenden Musik oder den tief gehenden Emotionen der Frühmenschen, die noch viel mit ihrer unbedeckten Haut gefühlt, ertastet und umweltbezogen kommuniziert haben. In der *Analytischen Psychokatharsis* wird diese Erfahrung jedoch als Bestätigung einer Erkenntnis genutzt z. B. bei den *Pass-Worten*.

[108] ‚Die körperlich kranke Seele I‘ und/oder ‚Psychoanalyse / Meditation‘ unter >analytic-psychocatharsis.com<. Unter gvhummel@arcor.de kann auch ein kostenfreier Einführungsabend nachgefragt werden.

wird diese durch die gleichzeitig gedanklich wiederholten *Formel-Worte* vertieft. Es ist verständlich, dass durch das monotone rein geistige Wiederholen dieser Formulierungen das *Strahlt*-Phänomen weiter begünstigt wird, was wiederum die Wiederholungsarbeit fördert. Beides, innerliches Wahrnehmen und rein mentales Wiederholen der *Formel-Worte* schaukeln sich zur intensiven Katharsis auf.

Mit dem Schwung der Katharsis kommt der wichtige Effekt zustande, dass der B(r)uchstabenmix der *Formel-Worte* durch die ‚défilés du signifiant' (die Engführungen des Signifikanten)hindurchgetrieben wird und die *Pass-Worte* erzeugt. Die *Formel-Worte* sind also rein **formale** Ausdrücke, die es in der üblichen Sprache so nicht gibt. So ist auch das RA-DIC-IT kein normales Wort aus dem Lateinischen, aber es beinhaltet mehrere sich überschneidende Bedeutungen in einer Formulierung, es ist „linguistisch kristallin" aufgebaut (ein Ausdruck, den Lacan für die Struktur des Unbewussten verwendet).

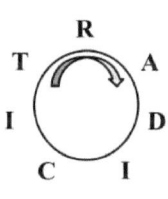

Außer dem radiat und dicit (*Strahlt* und *Spricht*) ergeben sich im Kreis geschrieben und von verschiedenen Buchstaben aus gelesen mehrere unterschiedliche Bedeutungen. So können wir hier z. B. auch „adi cit r" (geh heran, es bewegt R) „C i tradi" (hundert I übergeben), „citra di" (diesseits die Götter), „dicit ra" (es sagt ra), „r adic it" (füge r hinzu, es geht), „radi cit" (gekratzt werden, es bewegt sich), „trad ici" (erzähle, ich habe getroffen) etc.

herauslesen, wobei vieles recht unsinnig klingt. Dies hat jedoch für den formalen Ausdruck keinerlei Bedeutung. Ausschlaggebend ist hier nur, die wissenschaftliche Begründung (mehrere Bedeutungen in einer Formulierung, Verwendung mehrerer Schnittstellen) klar darlegen zu können, und dies ist für das Verfahren sehr wichtig, weil man nur so volles Vertrauen in die Methode haben kann. Vertrauen in einen Therapeuten allein genügt nicht, es muss durch klares Wissen gestützt sein.

Nochmals also: es ist in bequemer Sitzhaltung und anfänglich bei geschlossenen oder halb geöffneten Augen auf das *Strahlt* (‚Scheint‘, ‚Durchrieselt‘, ‚Luzidität‘) ohne eigene Anstrengungen zu achten, während gleichzeitig langsam, monoton und rein gedanklich ein oder mehrere *Formel-Worte* hintereinander in Abständen und immer wieder neu wiederholt werden. Dies ist die erste Übung, die auf tatsächlichen Vorgaben der Psychoanalyse beruht, weil durch das mentale Reverberieren eine Regression (ein innerlicher Rückzug zu früheren psychischen Strukturen) erzeugt wird, die sich gleichzeitig nur auf einen eingeengten Aspekt des Wahrnehmungs- bzw. Schautriebs konzentriert (das *Strahlt*) und durch die *Formel-Worte* stabil gehalten wird.

Die *Formel-Wort*-Wiederholung setzt sich nämlich an die Stelle dessen, was man in der Psychoanalyse den Wiederholungszwang, das unbewusste Wiederholen nennt. Dieses negative, unbewusste Wiederholen wird zumindest solange aufgehoben, wie die Übungen der *Analytischen Psychokatharsis* wirken. Ich habe schon im Haupttext angedeutet, dass dadurch eine wesentliche Hürde der klassischen Psychoanalyse vereinfacht und vermindert wird, da der Wiederholungszwang ein tief verankerter seelischer Abwehrmechanismus ist. Durch den Wiederholungsvorgang beim Üben der *Formel-Worte* wird dieses Geschehen jedoch in einen konstruktiven, progressiven Vorgang umgewandelt. Gefühle eines sich strak weitenden Raumes, das Auftauchen von Erinnerungsbildern führen manchmal zu Ablenkungen, die aber einer weiteren Betrachtung nicht wert sind, sondern von denen nur deren Luzidität genossen werden kann, die sich in der Horizontalen ausbreitet. Der Philosoph P. Sloterdijk sprach hier von ,Sphären', denen er eine ganze Buchreihe widmete und die wieder an Lacans Topologien und ebenso dessen Sphäre erinnern.[109] Wenn es zu einer Katharsis kommt, zu einer Befreiungserfahrung und stärkeren Loslösung vom Körper, gerät man oft von selbst in die zweite Übung, in der man einen Ton, Klang, eine Silbe oder Kurzsatz wie von ferne her hörend wahrnimmt, was ich sogleich extra besprechen will. Kommt es nur zu einer simplen Entspannung, muss man – zum Beispiel nach zwanzig Minuten – einfach so in die zweite Übung von sich aus wechseln.

Nach dem R-A-D-I-C-I-T kann nun (weiterhin in der ersten Übung) auch O-R-S-A-C-E-R-A-M hinzugenommen werden, um dem Verfahren für einen ersten Versuch drei *Formel-Worte* zur Verfügung zu stellen (das erste ist samt

---

[109] Sloterdijk, P., Sphären I – III, Suhrkamp (1998 bis 2004)

seiner in ihm enthaltenen Bedeutungen auf Seite 159 dargestellt und beschrieben). In diesem nunmehr dritten *Formel-Wort* stecken folgende Bedeutungen: C eram orsa
(hundertfach war ich Beginnen, amo R sacer (ich liebe
das heilige R), cera morsa (das zerstückelte Wachs), mors
acer (der Tod ist bitter), amor sacer (die Liebe ist heilig)
usw. Wie betont, kann man diese Bedeutungen gleich
wieder vergessen. Wichtig ist nur zu verstehen, wie die
Formel-Worte aufgebaut sind, so dass man wissenschaft-
lich-intellektuell das Verfahren jeder Zeit hinterfragen
kann. Kommen irgendwelche Gefühle oder Ideen hoch,
die unpassend sind oder Angst machen, kann man nachdenken oder sich weiter über das Verfahren belesen. Blin-
der Glaube ist nicht gefragt.[110]

Wie im Text erwähnt sollte auf die **zweite Übung** übergegangen werden, wenn die Erfahrung des *Strahlt* und der
Katharsis genügend ausgeprägt ist, es sei denn es ist schon
– wie erwähnt – von selbst ein Übergang erfolgt. Gerade
dieser spontane Übergang zeigt, dass es außer dem grund-
legendem Dualismus des Erscheinungs- und Wort-
Wirkenden nichts gibt, das Geltung hat, d. h. man kann in
den Übungen nicht verloren gehen, da die *Formel-Worte* –
solange man ihnen folgt – keinen anderen Ausweg zulas-
sen. Mit dem zündenden kathartischen *Strahlt* gelingt im
Unbewussten stets konkret der Wechsel (durch die ‚défilés

---

[110] Damit sind in diesem Buch drei *Formel-Worte* vermittelt,
die zum Üben genügen. Eine Verbesserung kann man mit
zwei weiteren zusätzlichen *Formel-Worten* erreichen, die auf
der Webseite analytic-psychocatharsis.com angegeben sind.

du signifiant' hindurch) von der mehr bildhaften auf die mehr wortbezogene Seite. Dort ist nunmehr auf genau dieses *Spricht*, dieses Körper-Echo, also auf einen von oben / rechts im Kopf herkommendes Verlauten, auf einen ‚Ton' aus dem tiefen Inneren zu konzentrieren. Allein schon der ‚Ton' errichtet einen Halt in der Vertikalen. Auch hier kann ich mich auf P. Sloterdijk beziehen, der von der ‚Vertikalspannung' schrieb, über die er sich fast etwas lustig machte, weil er nichts damit anzufangen wusste, weil sie ihm mythisch vorkam und er* nur die Sozialhorizontale kennt.[111]

Doch es gibt diese Vertikale tatsächlich, sie entspricht einer Lotung, Haltung, Festigung, in einer unverrückbaren Zeit. Dagegen steht die Horizontale mehr für die übliche, fortschreitende Zeit, die mal langsamer (in der Langeweile) und mal schneller (in der Kurzweil) verlaufen kann. Auch Lacan beschreibt diese Zeitmetren. Das in der Horizontalen verlaufende bezieht er auch die Spiegelungserfahrungen, auf das i(a), während das Zeitmetrum in der Vertikalen das der Signifikanten ist, wie ich es bereits bei der Diskussion um die Geschlechts-Generations Strukturen erwähnt habe. Deswegen kommen auch die *Pass-Worte* von oben, während die Katharsis, das atavistische Durchrieseln sich im Nacken-Rückenbereich abspielt, was ich seitlich nenne.

Es sind schließlich Buchstaben, die aus diesem ‚typographischen' Raum herausklingen und die das Unbewusste

---

[89] Sloterdijk, P., Du musst dein Leben ändern, Suhrkamp (2009)

dort gespeichert hält. Und genau in diesen Raum sind die *Formel-Worte* eingedrungen und haben diese Buchstaben geweckt und evoziert. Auch hier wieder gilt das Gleiche: es handelt sich um einen ganz originären Aspekt des Entäußerungs- bzw. Sprechtriebes, der in jedem Menschen als Primärprozess vorhanden ist und im Unbewussten sogar die Form ganz knapper, kompakter „innerer Sätze", „ultrareduzierter Phrasen" annimmt (alles Begriffe Lacans für diese lautliche Erfahrung). Auch hier können anfänglich nur ein feines Rauschen, ein ferner Laut oder Ähnliches wahrgenommen werden, der Übende wird jedoch von Anfang an bemerken, dass es sich hier um eine Konzentration auf ein mehr oben-rechts oder oben-zentral im Kopf befindliches Hör-Sprechsystem handelt, zu dem die Echos des Körpers Beziehung haben, auf die hier zurückgegriffen wird.[112]

Ich bin im Text vielfach darauf eingegangen, zu welchen mehr analytischen und damit auch weniger kathartischen Effekten diese zweite Übung führt. Es bleibt nicht beim einfachen Hören und Erfahren von inneren Lautphänomenen, sondern von Buchstabenfolgen bis hin zu kurzen Sätzen. Solche – von Lacan auch als „ultrareduzierte Phrasen" beschriebene Kurssätze nenne ich *Pass-Worte*, Identitätsworte, weil sie direkt aus dem Unbewussten kommend natürlich mit der Identität des Übenden zu tun ha-

---

[112] Auch wenn das eigentliche Hör-Sprechsystem im Kopf linksseitig angelegt ist, ist eben rechtsseitig das mehr rudimentäre, musikalische und der Regression besser zugängliche Hör-Sprechsystem vorhanden.

ben. Identität in dem Sinne, dass nunmehr speziell Verdrängtes, psychisch Abgespaltenes zur Wirkung kommt, so wie es im Freud'schen Versprecher auch der Fall ist, wo sich ein verdrängtes Wort vordrängt und in eine bewusst ausgesprochenes Wort hineingezwängt hat, die typische Funktion des in der Psychoanalyse im Zentrum stehenden Begehrens.

Während man aber beim Versprecher und auch beim Traum versuchen muss, das verdrängte Wort durch Deutung herauszufinden, ist es im *Pass-Wort* gleich mit enthalten. Eine gewisse deutende Einordnung ins bewusste psychische Leben ist oft trotzdem nötig. Beispiele von *Pass-Worten* habe ich mehrere im Text geschildert. Jeder muss hier selber ausprobieren, was er als *Pass-Wort* anerkennen kann. Manchmal ist es nämlich so, dass man erst fast im Nachhinein, in der Endphase der *Pass-Wort*-Erfahrung, des Phrase-Hörens, den Kurzsatz wahrnimmt. Manchmal scheint es ein sehr, sehr leiser Gedanke zu sein, der aber dennoch klar oder ziemlich klar ist. Ich muss mich hier so diffus ausdrücken, trotzdem besteht an dem Phänomen kein Zweifel und zwar sowohl von der psychoanalytischen Theorie her wie auch von den zahlreichen Erfahrungen, die ich bisher sammeln konnte.

Gleichzeitig betone ich erneut, dass beim Deuten der *Pass-Worte* – falls diese nicht von vornherein eindeutig sind – in beiden Richtungen geprüft werden sollte: hat es etwas mit dem Kausalen eines verdrängten Begehrens zu tun oder mit dem Finalen von etwas Kreativem. Oft gilt beides gleichermaßen, wie ich an den Beispielen im Text gezeigt habe. Ganz unverständliche *Pass-Worte* sollte man jedoch gleich verwerfen. Stets kann man bei jemanden, der Erfahrung mit der Methode hat, bei mir (g.vonhummel@web.de) oder einem entsprechenden Therapeuten nachfragen oder nachlesen, wie man mit den *Pass-Worten* am besten umgeht.

Nochmals also: Nach der ersten Übung, dem gedanklichen Wiederholen mehrerer Formel-Worte bei gleichzeitigem darauf achten, ob man ein *Strahlt*, eine Luzidität, ein ‚Durchrieseln‘, eine befreiende, kathartische Erfahrung, wahrnimmt, geht man – evtl. nach zwanzig Minuten – zur zweiten Übung über. Hierbei konzentriert man sich auf den Laut, den Ton, das *Spricht* von oben oder rechts innen her. Bemerkt man, dass der *Strahlt*-Anteil beim Üben zu stark ausfällt, wechselt man zur *Spricht*-Übung und umgekehrt. Beide Übungen sind beliebig lange durchzuführen, wie gesagt genügen meist zwei mal zwanzig Minuten. Der Wechsel von praktischer Erfahrung und theoretischem Denken ist wichtig, weil am Ende etwas Gemeinsames herauskommen wird: eine gedankliche Selbsterfahrung, eine praktische Logik, eine kathartische Analyse. Letztendlich finden beide Übungen zu einem inneren ‚Auftrag‘, einer Gewissheit, evtl. auch am Verfahren selbst weiter mitwirken zu können.

Denn es geht um eine Wissenschaft v o m Subjekt, an der jeder teilnehmen kann. Schon Freud hatte sich dafür ausgesprochen, dass die Psychoanalyse auch von Laien erlernt und ausgeübt werden kann. Das Übergewicht von Akademikern, insbesondere von Ärzten hat diese Anregungen des eigenen Gründervaters Freud nicht ernst genommen. Universitäre, scholastische Strebungen beherrschen daher von Anfang an die Psychoanalyse, die ja auch für die *Analytische Psychokatharsis* wichtig ist. Aber hier behindert nicht ein System von Klüngel vereinen und hierarchisch gestaffelten Organisation den persönlichen Fortschritt. Wie Lacan, der seine eigene Organisation am Ende seines Lebens aufgelöst hat, damit nichts zu strak Institutionelles Vorrang vor freier Mitarbeit gewinnt, habe ich bisher hinsichtlich der *Analytischen Psychokatharsis* keine Organisation und keinen Verein gegründet.

Ich hoffe, dass dies auch nicht nötig ist. Wer die *Analytische Psychokatharsis* ausgeübt und ihre Wirkung erfahren hat, weiß, mit was er es zu tun hat und wie er es notfalls auch anderen vermitteln kann. Die Grundlagen sind in zahlreichen Büchern von mir, in psychoanalytischer Literatur und auch in soliden, wenn auch nicht wissenschaftlich korrekten, so doch seriösen Texten über die Anwendung von meditativen Verfahren beschrieben. Schon Freud hatte empfohlen, sich in Mythologie, Dichtung (Shakespeares Dramen) und philosophischer Literatur weiterzubilden. Davon unbeachtet bleibt natürlich der Kern der *Analytischen Psychokatharsis* weisungsbestimmend.

Dieser Kern besteht vor allem – wie im Haupttext mehrmals betont – in der Verbindung des Erscheinungs- und Wort-Wirkenden in den zwei grundlegenden Übungen, wobei diese Verbindung nur gelingt, wenn man verstanden und erfahren hat, dass durch die Katharsis der ersten

Übung die Kraft, die Höhe, die Intensität geschaffen wird, die in der zweiten Übung dazu führt, dass das Unbewusste die entsprechenden *Pass-Worte* frei gibt. Etwas Derartiges existiert in der herkömmlichen Psychoanalyse und in allen Meditationsverfahren nicht. In der Psychoanalyse gelingt es deswegen nicht, weil die Psychoanalytiker eine Masse an gleichwertigen Ichidealen bilden, die die Patienten auch als ihr Ich-Ideal übernehmen, so dass man sich in gegenseitigen Übertragungen festsetzt, die ja eigentlich aufgelöst werden müssten.[113]

In den Meditationen findet ein ähnlicher Vorgang statt: der Lehrer, Guru, wird sofort durch einen Nachfolger ersetzt, so wie die Kirche es mit dem Papst handhabt. Die Übertragung, die mit der Unterstellung, dass der Lehrer, Meister, Guru hypothetische Fähigkeiten besitzt, einhergeht, wird nicht aufgelöst. Alle diese Persönlichkeiten in Psychoanalyse und Meditation müssen sich aus der Beziehung herauslösen, sich mit ihrem Ich-Ideal endgültig aus dem Spiel bringen, sowie der Betroffene Proband den Übertragungsanteil – ganz analog dazu – auflösen muss. Doch innerhalb all dieser Communities, ja fast Geheimbünden, gelingt dies nicht. Mein Meditationslehrer sagte, man sollte sich nur auf ihn und seine Methode konzentrieren, nach seinem Tod gibt es weiterhin nur äußerliche Hilfen. Das war noch am ehesten fair ausgedrückt

---

[113] Lacan, J., Seminar VIII, Passagen Verlag (2008) S. 407

Literaturverzeichnis

Appleton, T., Warum verschwanden die Neandertaler, Heyne (1999)

Baggini, J., Ich denke, also will ich, dtv (2016)

Barkhaus, A., Mayer, M., Identität, Leiblichkeit, Normativität, Suhrkamp (1996)

Bauriedl, T., Beziehungsanalyse, Suhrkamp (1993)

Benthien, C., Wulf, Ch., Körperteile, Rowohlt (2001)

Bezzel, C., Wittgenstein, Junius (1996)

Brenman, E., Vom Wiederfinden des guten Objekts, frommann-holzboog (2014)

Breuer, R., Immer Ärger mit dem Urknall, Rowohlt (1993)

Bischof, M., Biophotonen, Zweitausendeins (1995)

Brockman, J., Vogel, S., Wie funktioniert die Welt?, Fischer Taschenbuch (2013)

Byung-Chul Han, Die Austreibung des Anderen, Fischer Wissenschaft (201)

Byung-Chul Han, Die Errettung des Schönen, Fischer Wissenschaft (201)

Camus, A., Der Mensch in der Revolte, Rowohlt (1997)

Camus, A., Der Mythos des Sisyphos, Rowohlt (2000)

Carnap, R., Einführung in die Philosophie der Naturwissenschaft (1969)

Damasio, A. R., Descartes` Irrtum, dtv (1997)

Davies, P., Gott und die moderne Physik, Bert. M. (1986)

Eccles, J. C., Gehirn und Seele, Piper (1987)

Eichmeier, J., Höfer, O., Endogene Bildmuster, U&S – Verlag (1974)

Eribon, D., Rückkehr nach Reims, ed suhrkamp (2016)

Fischer-Lichte, E., Performativität: Eine Einführung, transcript (2012)

Fölsing, A., Albert Einstein, Suhrkamp (1995)

Freud, S., Studienausgabe, Fischer (1989)

Goel, B. S. Meditation und Psychoanalyse, Ariston (1989)

Görz, G., Einführung in die Künstliche Intelligenz, Addison-Wesley (1996)

Goldman, L. R., The Anthropology of Cannibalism, B&G (1999)

Heidegger, M., Unterwegs zur Sprache, G. Neske (1959)

Hilbrecht, H., Meditation und Gehirn, Schattauer (2010)

Hofstadter, D., Die Fargonauten, Klett-Cotta (1996)

Hofstadter, D., Die Analogie, Klett-Cotta (2014)

Horgan, J., An den Grenzen des Wissens, Luchterhand (1997)

Jacobs, A., Schrott, R., Gehirn und Gedicht, Hanser (2011

Jakobson, R., Semiotik, Suhrkamp (1988)

Jakobson, R., On Language, Harvard University Press (1995)

Jung. C. G., Gesammelte Werke, Walter (1983)

Kant, I., Kritik der reinen Vernunft, Reclam (1966)

Kant, I., Kritik der praktischen Vernunft, Suhrkamp (1974)

Kluge, F., Etymologisches Wörterbuch, W. de Gruyter (1989)

Köhler-Weisker, A., Gespräche unter dem Mopanebaum, Psychosozial-Verlag (2015)

Lacan, J., Schriften I - III, Walter, (1975)

Lacan, J., Seminare I,I, VII, XI, XX, Quadriga (1980-1995)

Lacan, J., Seminaire Nr. III, Iv, VIII, XVII, Edition Seuil (1981-1994)

Lacan, J., Die Bildungen des Unbewussten, Turia & Kant (2006)

Lacan, J., Mitschriften der Seminare VI,IX,X,XII,XV, B.R.L.F., Strasbourg

Laplanche, J., Pontalis, J. B., Das Vokabular Der Psychoanalyse, Suhrkamp (1989)

Leakey, R., Die ersten Spuren, Goldmann (1999)

Linke, D., Kunst und Gehirn, Rowohlt (2001)

Maar, C., Pöppel, E., Christaller, T., Die Technik auf dem Weg zur Seele, Rowohlt (1996)

Merleau-Ponty, M., Das Sichtbare und das Unsichtbare, Fink Verlag (1994)

Morgenthaler, F., Gespräche am sterbenden Fluß, Fischer (1986)

Pinker, S., Der Sprachinstinkt, Kindler (1996)

Plato, Sämtliche Werke, Insel Verlag (1991)

Popper, K. R., Eccles, J. C., Das Ich und sein Gehirn, Piper (1989)

Potthoff, P., Die Begegnung der Subjekte, Psychosozial-Verlag (2014)

Radisch, I, Camus, Rowohlt (2013)

Roazen, D., Der innere Sinn, Archäologie eines Gefühls, Fischer (2012)

Roheim, G., Die Panik der Götter, Kindler (1975)

Rosset, C., Das Reale in seiner Einzigartigkeit, Merve (2000)

Rüdinger, D., Perrez, M., Anthropologische Aspekte der Psychologie, O. Müller (1979)

Rudgley, R., Abenteuer Steinzeit, Kremaye & Scheriau (2001)

Schmidt-Hellerau, C., Lebenstrieb & Todestrieb, Libido & Lethe, Verlag Intern. Psychoanalyse (1995)

Schmitz, R. W., Thissen, J., Neandertal, Spectrum (2000)

Searle, J. R., Geist, Hirn und Wissenschaft, Suhrkamp (1992)

Seidler, G. H., Der Blick des Anderen, Verlag Intern, Psychoanalyse (1995)

Sinz, R., Gehirn und Gedächtnis, Fischer Utb (1981)

Sloterdijk, P., Du musst dein Leben ändern, Suhrkamp (2009)

Spielrein, S., Sämtliche Schriften, Kore (1987)

Strowik, E., Sprechende Körper, Fink-Verlag (2009)

Sunday, P. R., Divine Hunger, Cambr. Univ. Press (1986) Thompson, R. F., Das Gehirn, Spectrum (1994)

Thorne, K. S., Gekrümmter Raum und Verbogene Zeit, Knaur (1996)

Tipler, F. J., Über die Omegapunkttheorie, Piper (1994)

Uexküll, Th., Fuchs, M., Subjektive Anatomie, Schattauer (1994)

Weiss, Der Andere in der Übertragung, Frommann-Holzboog, (1988)

Weizsäcker, C. F. von, Die Einheit der Natur, dtv (1995)

Weinberg, S., Der Traum von der Einheit des Universums, Bertelsmann (1993)

Weizenbaum, J., Die Macht der Computer, Stw (1977)

Wiener, O., Probleme der Künstlichen Intelligenz, Merve (1990)

Wilhelm, R., Informatik, C.H.Beck (1996)

Wilson, E. O., Der Wert der Vielfalt, Piper (1999)

Wolf, F. A., Die Physik der Träume, Byblos (1996)

Wygotski, L.S., Denken und 'Sprechen', Fischer (1981)

Virilio, P., Die Sehmaschine, Merve Verlag (1989)

www.analytic-psychocatharsis.com
Auf dieser Seite findet sich auch eine Email Kontakt-Adresse

Weitere Bücher des Autors im MSC-Verlag

Analytische Psychokatharsis
Psychoanalytische Theorie und kathartische Meditation können nicht einfach ineinander überführt werden. Setzt man beide Verfahren aber durch ein entscheidendes Element (einen „linguistischen Kristall") in Beziehung, lässt sich ein eigenes neues Verfahren begründen. Die Psychoanalyse und die meditativen Methoden werden diskutiert, und die Praxis des eigenen Verfahrens wird ausführlich beschrieben.

SIGNIFIKANT Gott?
Schon die unterschiedliche Groß- Kleinschreibung provoziert, dass der SIGNIFIKANT (Bezeichner, Bedeutender), ein Begriff aus der Linguistik, wichtiger sein könnte, als die alt-ehrwürdige Vokabel Gott. Der Autor zeigt, dass Jesus ein Vorläufer der modernen Psychotherapie war und somit sein Vorgehen auch für die heutige Psychoanalyse genutzt werden kann.

Der Andere des Wortes und das Andere der Sterne verweist auf die Doppelstruktur des Unbewussten. Doch wie bringt man diese beiden in eine geeignete Kombination, so dass sie sich für ein psychoanalytisch - meditatives Verfahren eignen, das jeder Einzelne für sich selbst erlernen kann. Über Physik, Theologie, Kognition und andere Wissenschaften liefert das Buch eine Anleitung

Yoga und Psychoanalyse
An Hand einer wissenschaftlichen Biographie des Religionswissenschaftlers und Yogalehrers Kirpal Singh (Surat Shabd Yoga) werden alle Yogaformen von der Seite der Psychoanalyse her betrachtet. Es ergibt sich die Notwendigkeit ein eigenes Verfahren zu begründen, das der Autor auch *Analytische Psychokatharsis* nennt. Zahlreiche Bilder und Schemata machen das Buch anschaulich.

Verinnerlicht Euch ! Die klassische Methode der Analyse des Unbewussten stellt eine zu theoretische Revolte des Selbst dar. Um in der Praxis Erfolg zu haben bedarf es eines direkteren selbstanalytischen Verfahrens, das jeder aus sich selbst heraus entwickeln kann. Formulierungen, die in einem einzigen Schriftzug mehrere Bedeutungen enthalten, können das Unbewusste jedes Einzelnen durch mentales Üben aufbrechen und zu sich selbst befreien.

‚teetrunken' Ausgangspunkt des Buches stellt die Lehre des Psychoanalytikers O. Graf Wittgenstein dar, der davon ausging, dass der Mensch in sich drei Teile birgt, die er nur verschiedentlich zu einer Einheit bzw. einheitlichen Persönlichkeit verbinden kann. Die letztliche und ideale Einheit nennt er den 'Trialog'. Anhand der Schilderung mehrerer Bergbesteigungen durchstreift der Autor alle möglichen kulturellen und psychologischen Fragestellungen, um im Endeffekt den 'Trialog' durch das Wandern, Meditieren und intellektuelle Verarbeiten zu erreichen.

Liste anderer Werke des Autors im MCS-Verlag

Herz-Sprache, Eine Psychoanalyse des Herzens

Politik / Therapie, Begreifen, was man schon weiß - wie Politik therapeutisch zu denken wäre

Das autochthone Genießen, Essays zu einem neuen selbstanalytischen Verfahren

Zweimal den Tod überlisten, Ein Traktat zu Sisyphos, und wie man das Sterben heute meistert

Siddharthas Wiederkehr, Ein wissenschaftlicher Roman – eine Anregung zur Selbsttherapie

Nach Lacan, Über Physik, Psychoanalyse und die Metapher des Genießens – eine Selbstpraxis

interhot, Gespräche mit dem Unbewussten

Das Gerade und das Gekrümmte, Die Behandlung einer Psychose

Die Mathematik des Eros, Die ‚perfektoiden Räume' des Unbewussten – eine Selbstpraxis

Die körperlich kranke Seele, Eine Broschüre zu Theorie und Praxis der *Analytischen Psychokatharsis*

Psychoanalyse / Meditation, Vergleich und Anleitung

Jesus und die Frauen, Wege von damals und heute zur selbstanalytischen Praxis

Nachts im Notdienst fahren, ärztliche und psychologische Reflexionen